ポスト「社会」の時代

社会の市場化と個人の企業化のゆくえ

田中耕一
Koichi Tanaka

関西学院大学出版会

ポスト「社会」の時代　目次

イントロダクション ——————— 1
——「社会」はどうして見えにくいのか？——

1 「ことば」の見えにくさ、貨幣の見えにくさ　1
2 見えにくい「社会」が見えてくるとき　5
3 ノイズとしての「社会」—— 滑らかさに抗うもの　8

第1章　大学のいま ——————— 10
——「能力開発」主義の時代？——

1 大学(生)に求められる矛盾した要求　10
2 戦後の高度経済成長と大学の大衆化　12
3 大学の「空洞化」と日本型雇用システム
　—— 大学紛争から「レジャーランド」へ　15
4 教育改革と大学改革の時代へ
　—— 矛盾する要求は両立可能か？　17

第2章　「社会」への問い ——————— 22
——「ことば」と「もの(ごと)」の関係——

1 大学での勉学は「能力開発」の手段ではない　22
2 「社会(学)とは何か？」という質問とその罠　26
3 ことばは「もの(ごと)」につけられた名前ではない　31
4 「ことば」のネットワークと「もの(ごと)」のネットワーク　34

i

第3章 「社会」の誕生 ─────── 38
── 「社会」に埋め込まれる「統治」──

1 ことば／現実としての「社会」と「個人」　38
2 ことば／現実としての state（国家）　42
3 「中間団体（社団）」による支配 ── プレ「社会」の現実　44
4 「人口」の発見から「社会」の誕生へ　49
5 「社会」の自然性／自律性とそれを包囲する国家（統治）の力　54

第4章 「人間」の登場と「社会」の再編 ─────── 59
── 光と影の 19 世紀 ──

1 「万国博覧会」という鏡　59
2 博物学的な思考の成立と解体 ──「人間」の誕生へ　68
3 「悪魔のひき臼」── 市場の拡大と「社会」の再編　74
4 社会問題への対応 ── 規律化と保険社会　82

第5章 福祉国家とフォーディズム体制 ─────── 89
── 20 世紀を支えた両輪 ──

1 ケインズ経済学と福祉国家 ── 市場原理に抗って　89
2 「生 − 権力」とその帰結（1）　95
3 「生 − 権力」とその帰結（2）　99
4 フォーディズム体制へ ── 大量生産と大量消費の循環　105
5 戦後日本社会 ── 家族、労働そして郊外の生活　111

第6章 ポスト「社会」の時代へ ──────── 123
── 社会の「市場」化と個人の「企業」化 ──

1 社会的自由主義の終焉　123
2 自由主義の変遷と「新自由主義 neoliberalism」の誕生　129
3 新自由主義の源流としての「オルド自由主義」　132
4 社会の「市場」化と個人の「企業」化　138

第7章 ポスト・フォーディズム体制の矛盾 ──── 145
── 滑らかな「社会」のゆくえ ──

1 市場に対する「フレキシビリティ」　145
2 市場によるコントロールと企業のユートピア　150
3 流動的なアイデンティティ
　── 内面への退却と反転するコミュニケーションのネットワーク　159
4 「無媒介性の夢」と滑らかな「社会」のゆくえ　168

あとがき ──────────────────── 176

イントロダクション
―― 「社会」はどうして見えにくいのか？ ――

　これから「社会 society」について、そしてそれを研究する「社会学 sociology」について考えていきたいのですが、いざ「社会」に目を向けてみようとか、それに向き合ってみようなどと言われても、あまりにあいまいで漠然としていて、いったい何から、どうやって手をつけたらよいのやら、困惑してしまうでしょう。それどころか「社会」は、あたかも空気のようにわたしたちの周りにあるので、あまりにあたりまえ過ぎて、とても見えにくい、感じにくいということに気づくはずです。

　とりあえず「社会」とは、わたしたちの周りにあり、わたしたちを包囲している、他者との関係とコミュニケーションの総体であると考えておきましょう。だとすると、「社会」はいつでもわたしたちにまとわりつき、浸透し、いつしかわたしたちの一部にすらなっているはずです。「社会」は、本気になって目を凝らして見ようとすればするほど、あまりに自分自身に身近過ぎて、よく見えなくなってしまう。何かを見るとか、感じるためには、一定の距離が必要だということです。あまりに身近過ぎると、自分自身を見たり感じたりするのが困難なのと同様に、何かを見たり感じたりするための距離がとれない。

1　「ことば」の見えにくさ、貨幣の見えにくさ

　それは「ことば」の見えにくさと通じるものがあるのではないかと思います。わたしたちは基本的に、ことばを使ってコミュニケーションしています。でも、じつはコミュニケーションがうまくいっているとき、ことばを意識することはまずありません。そのとき、ことばは

透明で見えなくなる —— 専門用語で「言語の透明性 transparence」などと呼ばれます。わたしたちは、ことばを使ってコミュニケーションをしているのではなく、直接に意思や意味を伝えあっている、理解しあっていると感じるはずです。どう考えても、直接に意思や意味を伝えあっているはずはなくて、何らかのかたちで「ことば」がコミュニケーションを媒介しているに違いないのに、そのことは見えなくなる。

　「ことば」がいったいどうやってコミュニケーションを媒介しているのかについては、言語的コミュニケーションにかんする膨大な研究史（近年では社会学もそれに加わっています）があるので、ひとことでは説明できませんが、もっとも単純で古典的な議論は、ことばが意思や意味の代わり、代理をする「表象 representation」であるとする考えです。残念ながら、少なくともこの考えだけでは、言語的コミュニケーションを説明するには不十分ですが、コミュニケーションのなかで「ことば」が見えなくなるという、ある種の錯覚のようなものが起こるしくみを理解するには役にたちます。というのも、もし「ことば」が意思や意味の代理 representation だとするなら、わたしたちは「ことば」ではなく、（そこに代理されている）意思や意味そのものをやりとりしていることになるからです。「ことば」はたしかにそこにあるはずなのに、そこにはなくなってしまう —— そこにあるのは「ことば」ではなく、（そこに代理されている）意思や意味だからです。

　ただし、これはどう考えても錯覚のようなものです ——「ことば」はたしかにそこにあってなくなりはしない。本当に蒸発してしまうわけではありません。だから「ことば」が表象であることにあまりにとらわれると、自分自身がつくりだした錯覚にだまされることになってしまいかねない。たしかに「表象」であるというのは、「ことば」の重要な一側面ではあるけれど、少なくともそのすべてではないということには十分な注意をはらわなければなりません。

そういうわけで、わたしたちはコミュニケーションがうまくいっているとき（相手を理解し、相手に理解されているととりあえず感じているとき）、あたかも直接に意思や意味をやりとりしていると感じるので、「ことば」はたしかにそこにあるはずなのに、あまりに身近過ぎて見えなくなってしまいます。反対に、ことばの存在が姿を現すのは、まったく皮肉なことにコミュニケーションがうまくいかないとき、たとえば相手の言っていることがよくわからない、うまく理解できないときです。そのとき、相手の「ことば」はまるで何かの呪文のように、ただの物理的な音声として、話し手の意思やことばの意味から切り離された「ことば」そのものとして、その存在をあらわにします。

　ついでに言っておくと、このときやっと姿を現す「ことば」そのものは、もはや「ことば」としてのはたらきをしていない、「もの」としての「ことば」、いわば死んだ「ことば」です。だからそれ自体をいくら分析してみても、「ことば」については何もわかりません。そういう意味で、書道やレタリングなどが興味深いのは、それらがなかば「もの」と化した「ことば」を形象として再びコミュニケーションに利用するからであり、そういう仕方で、いわば「ことば」を再生させているからです。生きた「ことば」をとらえようとすると見えなくなるし、やっと見えた死んだ「ことば」では何もわからない。「ことば」やコミュニケーションについて考えること、したがってまた、それらから成り立っている「社会」について考えることが、そんなに簡単なことではないことは、ここから十分に想像できるのではないでしょうか。

　ところで、よく「ことば（言語 language）」と類比されるものに、「貨幣 money」があります。それは、「ことば」が何らかの意思や意味を表象するのと同じように、貨幣が商品の「交換価値」を表象すると考えられてきたからです。あるいはもう少し違う言い方をするなら、ことばがものの世界を写しとるのと同じように、貨幣は商品の世界を経

済的な価値、交換価値という観点から写しとるものだ、と考えられたのです。たしかに「ことば（言語）」は多様性を許容するのに対して、貨幣は質的に多様なもの（使用価値）を単一の尺度（交換価値）へと還元するという違いはあるものの、「ことば（言語）」によってコミュニケーションが可能になるのと同じように、貨幣によって経済的な交換が可能になるという点でも共通性があります。

　では、コミュニケーションがうまくいっているときに、「ことば」が見えなくなるのと同じように、経済的な交換がうまくいっているときに、貨幣は見えなくなるのでしょうか。貨幣は紙であるにせよ、金属であるにせよ、それを見たり触ったりしながらやりとりをしているのだから、それが見えなくなるとか、そんなことはないはず、と思うかもしれません。でも、よく考えてみましょう。わたしたちが貨幣を支払ったり、あるいは受け取ったりしているときに、そこで見ているものは、はたして紙切れや金属のかたまりなのでしょうか。わたしたちがそこに見ているのは、円という通貨で表現された経済的な交換価値（それは100円だったり、1,000円だったりするわけです）であって、けっして紙や金属そのものを見ているのではありません。だからここでも、経済的な交換がうまくいっているときには、紙幣や硬貨は交換価値の「表象（代理）」として、いわば交換価値そのものになってしまっているので、紙や金属そのものはやはり透明になり、見えなくなっているはずです。本当の意味で、わたしたちがそこに紙や金属を見るのは、ハイパー・インフレーションのなかで、貨幣がたんなる「紙切れ」だと感じるときかもしれませんし、あるいは何らかの理由で電子決済ができなくなって、手触りのある物質としての紙幣の必要性を痛感するときかもしれません。いずれにしても、貨幣そのものがその存在をあらわにするのは、やはり貨幣による交換に何か問題が生じ、うまくいかないときであるというのは、「ことば」が現れるときとまったく

一緒だといってよいでしょう。

2　見えにくい「社会」が見えてくるとき

「ことば」が滑らかなコミュニケーションの影に隠れてしまうように、「社会」が普段通りスムーズに動いているとき、「社会」は空気のようで、わたしたちはその存在に気づきません。「社会」がおぼろげながら見えてくるのは、わたしたちの関係やコミュニケーションがうまくいかないとき、「社会」が滑らかさを失うときです。そういうときに、いったい「社会」が普段どんなはたらきをしているのかを想像したり、あるいは垣間見たりすることができる。

たとえば、新型コロナウイルス感染症のパンデミック——膨大な数のひとびとの生命が失われるとともに、わたしたちの社会生活は感染症の拡大を防ぐために、大きな制限をかけられ、大きな影響を受けました。感染症はわたしたちの接近や接触を通して広がるので、できるだけ接触を避け、互いの距離を保つことが求められました。たしかにテクノロジーの進歩により、わたしたちはインターネットやソーシャルメディアを通して、関係やコミュニケーションを維持し（リモートワークやオンライン授業）、それは「社会」の可能性を広げたことも事実です。

しかしながらそれと同時に、普段のなにげない他者との接触や身体的なつながりの重要性を再認識したり、無駄というか邪魔ですらあると思われていた活動が、じつはわたしたちの関係やコミュニケーションにとって不可欠であることに気づいたひともいるでしょう。

たとえば、オンライン授業——決められた時間に大学までわざわざ出かけていく必要もないし、混雑した電車でいやな思いをすることもなく、聞きたい授業は「私語」という雑音（noise ノイズ）に悩まされることなく、あまり聞きたくない授業は倍速再生で、といかにも効率

的で便利なのは事実です。ただ、よく考えてみれば、教室での友だちとの会話——これが行き過ぎると「私語」になります——とか、サークルやバイト先での（少しめんどうかもしれない）人間関係とか、はたまた行き帰りの電車や街中の雑踏と喧騒(けんそう)に包まれ、見知らぬ他者たちの群れの一部に巻き込まれながら、互いの行動をなにげなく観察する（される）とか、互いに接触しないよう意識しあうとか、それでもだれかとぶつかって謝る（謝られる）とか、電車で席を譲るとか、数えきれないし予測もできない、たくさんのできごとが普段はあったはずです。

　オンライン授業で実現されているのが、効率のよい滑らかなできごとの流れだとすると、普段は、それに抗(あらが)うというか、いわば雑音（ノ・イ・ズ・）のようにそうした滑らかさに入り込み侵食してくるさまざまなできごとがたくさんあります。でもそれらは、わたしと他者たちの関係とコミュニケーションにとって、少なくともどうでもよいもの、まったく不要なものではなかったのではないでしょうか。逆に言えば、オンライン授業の効率のよさや便利さは、いっけん無駄に見えたり、ときには邪魔にすら思われる、わたしと他者たちをつなぐ横に広がる関係性——それを「社会」と呼べるかもしれない——を制限しあるいは排除することによって成り立っているということでもあります。普段は、あるのがあたりまえで気づかないような「社会」が制限されたり排除されて、うまくはたらかないときに、はじめて「社会」が見えてきます。

　これとは少し違う意味で、わたしたちの関係やコミュニケーションがうまくいかないとき、「社会」の滑らかさが失われるときにも、「社会」が見えてくることがあります。わたしたちは他者との関係やコミュニケーションのなかで、互いにいろいろなことを要・求・されたり、あるいは要・求・したりしています。コミュニケーションというのは、そ

ういう力のやりとりを含んでいて、ただたんに情報を伝達しあっているわけではありません。

　わたしたちは家族（親など）や友人から、あるいは大学やサークル・部活やバイト先の職場の一員として、日々いろいろなことを要求されています。たとえば、わたしたちは子どものときから、いろいろなひとに「努力しなさい」とか「頑張りなさい」などと要求されてきたはずです。親から、先生から、部活の先輩から、あるいはもしかしたらわたしを「励ます」友人から、つまりは「社会」からです。でも、それはいつのまにか自分自身の一部になっているので、「社会」に要求されていること自体に、もはや気がつかない。わたしたちは、自らの内側から自発的に「努力しなければ、頑張らなければ」と思っているわけです。「社会」はみごとに滑らかに動いています。そうすると「社会」そのものを感じない。

　でも、何かの機会に、「社会」の要求が自分自身とどうもうまく重なり合わないと気づいたとき、たとえば「努力」や「頑張り」よりももっと大事なものがあるはずだと感じたときとか（たしかに「努力」や「頑張り」そのものが大事っていうのは、ちょっと変ですね。それは目的ではないはずです）、ジェンダーにかかわる社会の要求に違和感を感じたとき（どうして女子の制服はスカートしかないのか）とか、つまりは「社会」が滑らかさを失ったときに（「社会」の要求が滑らかに自分のなかに入ってこないときに）、「社会」の要求、「社会」の力が見えてきます。「社会」は空気のようで、あまりに身近過ぎて見えないけれど、何かの拍子でそれが見えてくることがある。それをけっして見逃さない、忘れないということが、「社会」を考えるうえで、もちろん「社会」を生きていくうえでもとても重要なポイントなのだと思います。

3　ノイズとしての「社会」——滑らかさに抗うもの

　最後に、オンライン授業のことをもう少しだけ考えてみましょう。とくに、少人数授業のZoomミーティングではなくて、講義をあらかじめ録画してクラウドにアップロードするオンデマンド型のオンライン授業についてです。教員にとって、これは準備もそこそこ大変ですし、何しろ学生たちの顔がまったく見えず、見えない相手に向かって授業をするわけで、お互いの顔が見えるという最低限の相互性 mutuality さえありません。なので、はじめはとんでもない違和感を感じましたが、恐ろしいもので、あっという間に慣れてしまうと、これが意外に快適だということがわかりました。快適さの理由はいくつかあるのですが、もっとも大きいのは、たぶん「私語」がないということです。それは当然と言えば当然で、なにしろお互いの顔が見えるという最低限の相互性すらないのですから、相手が何をしていようが――寝ていようが食事をしていようが話をしていようが――まったくわかりません。

　ただ、それだけではありません。そもそも「私語」(学生たちどうしの授業中のおしゃべり)なるものが生じるための条件が、ここにはいっさいありません。普通の対面授業なら、教室という場で、学生たちの集まり(関係とコミュニケーション)が生じ、これをベースにして「私語」も生じるのですが、オンデマンド授業は、この集まりをひとりひとりに分解してばらばらにします。講義をしている教員とそれを視聴しているひとりひとりの学生は、いわば一本ずつの通信線でつながり(これはこれで、たしかにすごいことなのですが)、学生が何人いたとしても、全体はそのような一本ずつの通信線の束でしかありません。たくさんの通信線は、けっして相互にからまったり、交わったりすることはない。「私語」が生じるための条件である、学生相互の関係とコミュニケーションを遮断し、ひとりひとりをばらばらに分解するこ

と、これによってはじめてオンライン授業が可能になるわけです。

　「私語」という雑音（ノイズ）のない、快適で効率的な授業環境を可能にしているもの、それは、わたしたちの相互的な関係とコミュニケーション、つまりは「社会」をばらばらに解体し、遮断してしまうことなのです。言い換えるなら、オンライン授業で得られる快適さ、効率のよさというのは、まさに「社会」を壊すことによって得られているということです。だから、オンライン授業で「社会」や「社会学」について語るのは、「社会」を壊したところで「社会」について語るという、何か矛盾したことをしているような気がして、わたしはどうしても居心地がよくありませんでした。

　「社会」がわたしたち相互の関係とコミュニケーションから成っているかぎりで、「社会」は「私語」＝雑音（ノイズ）と切っても切れない関係にあるわけで、そもそも「社会」とは、ひとびとの関係とコミュニケーションがつくり出す雑音（ノイズ）にほかならないとさえ言うことができるでしょう。たしかに、雑音（ノイズ）は必要な情報の伝達を妨げたり、ものごとの秩序だった進行を乱したりするので、普通は悪者です。できれば、ない方がよい。でも、ときにはそれが役に立つこともあります。耳を塞いでいたら、何か緊急事態が起こってもわからないし、会合などで、まさに聞く耳を持たないひとは周りの意見を無視して暴走しがちです。そういう意味で、雑音（ノイズ）というのは、ある種の「安全装置 security device」でもあります。都合の悪い情報や無関係に思われる情報などの雑音（ノイズ）も、知らないことに気づいたり、間違いを修正するために役に立つ。そういう意味でも、雑音（ノイズ）としての「社会」は、まさに困ったときの「セーフティーネット safety net」です。

第1章

大学のいま
——「能力開発」主義の時代?——

1　大学(生)に求められる矛盾した要求

　大学 university というのは不思議な場所です。
　最近はあまり耳にしませんが、大学(や大学院)は「最高学府」と呼ばれ、高等教育機関の頂点にあって、高度に専門的な研究とそれにもとづいた教育を行う場です。とても難しくて、いったい何の役に立つかすぐにはわからないような勉強をする場です。他方で、大学(や大学院)は教育機関の頂点だからこそ、もうその先に教育機関はない。だから大学(や大学院)を卒業すれば、違う種類の世界 —— 普通は職業の世界 —— が待っています。ということは、大学はこれまでやってきた勉強の世界を極め、とても難しいことを学ぶのだけれど、同時にそれを職業の世界という、違う種類の世界へと接続するインターフェイスの役割も担っていることになります。ひとつの世界を極めながら、同時に別の世界へとつなぐ。何かとても困難な気がしませんか ——たとえばスポーツを極めながら、さあ、つぎは音楽の世界だからといって、その準備をすると言えば、その奇妙さと困難さが想像できるかもしれません。だとすると、大学は何とも困難で矛盾した役割を求められているし、大学生もまた同様に、困難で矛盾した二つの要

求にさらされていることになります。

　もちろん、大学での勉学と卒業後の職業生活が（あたかもスポーツの世界と音楽の世界のように）乖離しているとか、矛盾していると、はじめから決めつけることはできません。かつてのように、大学進学率が低く、大学が事実上、国家官僚や企業エリートの養成機関であるような場合には、二つの要求の矛盾はそれほど目立ちません。大学は、将来の政治的・経済的な指導層が身につけるべき、教養的および実践的な知識を与える場であり、卒業後の進路と比較的スムーズにつながっています。

　それに対して、大学への進学率が上昇し、大学が大衆化すればするほど、卒業後の世界は多様化するので、大学での勉学と卒業後の世界の乖離が進み、しかもそれが多くのひとびとの問題になるので、必然的に大きな社会問題となっていきます。今日でも、大学院に進んで研究職に就くとか、研究職でなくても（とくに理系の場合は）専門的知識を活かした技術職に就くことはあるし、大学院に進まなくても、教育や福祉などの分野で学んだ知識を活かすとか、法律の勉強を活かして公務員になる場合もあるでしょう。しかしながら多くの、とくに文系（人文社会科学系）の学部の学生たちにとって、大学で学ぶ内容が直接的には職業生活に結びつかないということは、疑いのない事実であると思います。

　大学で求められる専門的な勉学と、それとかならずしもつながらない卒業後の職業生活への準備、この両者の矛盾する要求のなかで、たいがいはどちらもほどほどというか中途半端というか、宙吊りのまま──勉強はそこそこに、就活やバイトの圧力は大きいけれど、できればサークル中心に明るく楽しく。こういう不安定で落ち着かない状態にいらだつこともあれば、そこに世界が切り替わる間の自由と解放感を感じたりと、何とも両義的であいまいな状態、それが大学を不思

議な場所と感じさせるのではないかと思います。

　したがって、この二つの要求の乖離と矛盾も、さらにはそれを不思議なものととらえる感覚も、第二次世界大戦後の高度経済成長とそれにともなう大学の急速な大衆化という時代背景に強く結びついていることがわかります。たしかに現在の大学は、1990年代以降のいわゆる「大学改革」の激流のなかにあって、矛盾する要求を課せられた大学を不思議な場所だなどと感じる余裕やのんきさはもはや見られません。しかし、だからといって二つの要求の乖離と矛盾が消失したわけではありません。むしろ両者の要求自体は、高まっているとさえ言えるかもしれません──一方で大学生の勉学志向は高まり、授業出席率も上昇しているように見えますし、他方で大学の「就職予備校化」も日に日に強化されています。だとすれば、勉学への要求と、職業生活への準備の圧力との間の矛盾や緊張関係は、いまいったいどうなっているのでしょうか。大学のいまを考えるための、もっとも重要な論点のひとつがここにあるのではないかと思います。

2　戦後の高度経済成長と大学の大衆化

　さて、いまわたしたちが経験している大学の原型ができたのは、いったいいつ、そしてどのようにしてなのでしょうか。

　大学の歴史は12世紀のヨーロッパにまでさかのぼりますし、19世紀ドイツの国家管理型の大学は、明治期に創設された日本の大学のモデルとなりました。しかしながら現在の日本の大学の原型となるのは、やはり第二次世界大戦後のアメリカ合衆国をモデルとした学制改革と、それにもとづく新制大学の発足（1948年）です（吉見2011）。そして何といっても、それにつづく高度経済成長期（1950年代後半から1970年代前半まで）を通して急激に進んだ、大学をはじめとする高等

教育機関の大衆化が、きわめて大きな役割をはたしたと言えるでしょう。

そこで、戦後の18歳人口と高等教育への進学率についてのデータを見てみましょう（図1-1）。まず、18歳人口の変化をざっと見ると、戦後の18歳人口の山は二つあって、1966年（昭和41年）の249万人を頂点とし、1969年（昭和44年）まで200万人を超えていました。これは戦後まもない時期の「第一次ベビーブーム」に対応しています。もうひとつの山は1992年（平成4年）の205万人を頂点とし、その前々年から200万人を超えています。第一次ベビーブーマーの子どもたち、つまり「第二次ベビーブーム」に対応しています。その後、出生率の低下とともに、18歳人口も低下の一途をたどり、2040年（令和22年）には、88万人まで減少することが予想されています。

つぎに、高等教育への進学者数と進学率を見てみましょう。高等教育進学者数（大学と短大）は、（図にはありませんが）1950年（昭和25年）には約10万人だったものが、1960年（昭和35年）には約20万人、1970年（昭和45年）には約46万人、さらに1975年（昭和50年）あたりからは60万人近くになり、1993年（平成5年）には80万人に達しています。18歳人口の増減にかかわらず、高等教育への進学者数は一貫して増加し、専門学校入学者を加えると1993年（平成5年）には頂点の116万人に達しています。

高等教育進学率を見ると、1950年（昭和25年）には5〜6％程度、1960年（昭和35年）で10％程度に過ぎなかったものが、1960年代末には20％を超え、1970年代後半（昭和50年代前半）にはなんと約5割（大学と短大のみでも4割弱）まで急激に上昇していることがわかります。高等教育機関に進学する者は、当初は20人に1人、10人に1人だったものが、5人に1人になり、さらに2人に1人まで増加したことになります。その後、18歳人口は1992年（平成4年）をピークに急

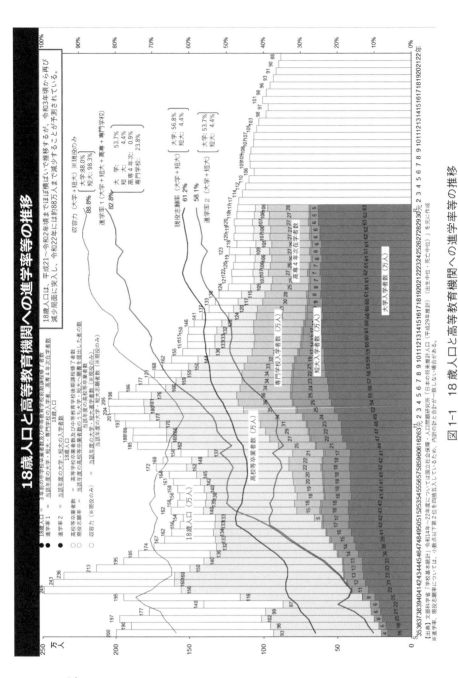

図1-1 18歳人口と高等教育機関への進学率等の推移

出典：文部科学省 HP https://www.mext.go.jp/content/20201126-mxt_daigakuc02-000011142_9.pdf

激に減少していきますが、高等教育進学率は1970年代後半から1980年代前半（昭和50年代）に停滞する時期があるものの（この時期は、18歳人口も停滞ぎみで、かつオイルショック後で入学定員が抑制されました）、その後再び急速に上昇をつづけ、2019年（令和元年）には8割（大学のみで見ても5割）を超えるところまで来ています。こうした進学率の著しい上昇のために、18歳人口の急激な減少にもかかわらず、高等教育進学者数は何とか100万人レベルを維持しています。ちなみに、2030年代前半（令和10年代前半）には、18歳人口が100万人を切ってきますので、少なくとも数だけでみれば、まもなく「大学全入時代」が近づいています。

3 大学の「空洞化」と日本型雇用システム
―― 大学紛争から「レジャーランド」へ

戦後急速に大衆化した新制大学、とくに大規模私立大学は、急いで定員を増やし、また定員を大幅に超過する学生を入学させたために、キャンパスは大混雑で、施設も不十分、専任教員も足りないというのが実情でした。大人数講義ばかりの、いわゆる「マスプロ（mass production 大量生産）教育」です。学生会館や学生食堂など、学生のための施設も十分ではありませんでした。こういう不十分な教育環境のなかで、60年代の後半には、有力な大手私立大学が大幅な学費値上げを行います。それをきっかけとして学生たちの不満が爆発し、いわゆる「大学紛争」が広がっていきます。多くの大学で、キャンパスの封鎖、ストライキが頻発します。学生たちの運動は、大学運営の民主化などを求めて大きくなり、さらには社会全体の変革を求めて、大きな社会的・政治的な運動になっていきました（小熊 2009）。

1968年には、日本大学や東京大学で、いわゆる「全共闘運動」が頂

点に達し、長期のストライキが行われました。しかし翌年1月には東大安田講堂に立てこもる学生たちと機動隊の衝突がくり広げられ、学生たちは排除されていきます——この衝撃的なようすは、テレビを通して全国に広がりました。その後、大学紛争は全国の大学へと飛び火していきますが、しだいにその熱気は失われ、70年代になると、学生運動は急速に下火になっていきます。

　たしかに60年代の若者たちは、画一的で抑圧的な「社会」を変革することはできなかったけれど、自由や多様性を求める若者たちの要求はもはや無視できないものになっていました。それに目ざとく反応したのが、大学紛争でやり玉に挙げられていたはずの「資本主義」だったというのが、歴史の最大の皮肉というか、時代の大きな転換を象徴しています。「資本(主義)」は、ひとびとが求める自由や多様性を「商品」として表現し、ジーンズやミニスカートはもはや大人や体制への批判ではなく、「個性」を表現するためのファッションアイテムになっていきます。「資本(主義)」は、若者たちの多様なライフスタイルを表現する商品を提供して利潤をあげ、若者たちは多様な商品を消費することで自由や多様性を獲得していこうとしました。かつて若者たちの攻撃対象であった「資本主義」は、もののみごとに若者たちの自由と多様性を求めるこころをつかみます。大学のキャンパスもまた消費文化におおわれた「レジャーランド」と化していきました。

　「大学紛争」にしろ「レジャーランド」にしろ、大学はある意味で「空洞化」していました。冒頭に、大学(生)には矛盾する二つの要求(学問の追求と就職の準備)が課せられていると述べましたが、どちらも大学が少なくとも公式に与えるかたちでは機能していませんでした。もちろん学生たちから見れば、大学生の期間は大人になるまでの「モラトリアム(猶予)期間」、今風に言えば「自分探し」の時間であって、大学での非公式な活動、サークル活動やアルバイトや友人関係や旅行

などを総動員しながら、卒業後に備えていたはずです。

　このような大学の「空洞化」には、それなりの背景というか理由もありました。それは、大卒者を採用する企業の側の問題です。高度経済成長期以来、日本の大企業は大量の新卒者を一括採用し、「年功序列」のシステムに乗せて長期に雇用するという方式を採用してきました（「日本型雇用システム」）。まずは、長期雇用が前提で、途中で配置転換もあり、仕事にかんする教育は、入社後に企業内で行うのがもっとも効率がよい。大学で何を学んで何ができるかではなくて、入社後の教育に応じて能力開発できる基礎的な学習力のようなものが重要になります。それは、客観的に学力が序列化される大学入試システムを利用するのが便利、つまりは序列の高い大学の卒業生を採用すればよいということになります（小熊 2019：124ff.）。そういうわけで、企業から見ると、大学での勉学も職業生活への準備もみごとにスルーされて、「空洞化」するわけです。

4　教育改革と大学改革の時代へ
── 矛盾する要求は両立可能か？

　1980年代の後半になると、イギリスやアメリカ合衆国で先行していた、新自由主義的な教育改革が日本でも本格化します（80年代中曽根内閣の「臨時教育審議会」）。ただ、この改革がのちに「ゆとり教育」と呼ばれるものになっていくのは少し奇妙です。新自由主義的な教育政策の基本は、規制緩和と自由競争ですから、教育に「ゆとり」を求めるという議論とは少し矛盾しているように思われます。しかし今日から見れば、「臨教審」のキーワードであった「個性の重視／尊重」は、じつは自由化路線の隠れみの、あるいは妥協の産物に過ぎなかったのではないかと思います（このあたりの経緯については、岩木2004が詳し

い)。要するにここでの「個性」とは、勉強ができるかできないか、能力があるかないか、そういう違いを意味しているに過ぎないと考えられるからです。

　そのことは、90年代に登場する「新しい学力観」ではっきりとしていきます。これは、それまでの「知識や理解」のみを重視する学力観ではなくて、「意欲や態度」といった内面的な要素も含めて、「思考力」とか「表現力」とか、さらには「コミュニケーション能力」とか「問題解決能力」など、多次元的に能力をとらえようとする考え方です。今日ではすでに小学校や中学校で、普通に「観点別評価」と呼ばれているものです。要するに、この多次元でとらえられ、評価された能力のあり方こそが、「臨教審」で強調されていた「個性」にほかならないということなのです。単純に一次元だと、学力があるかないかなので、それが「個性」というのは少し乱暴な気がしますが、多次元化すると、何か急にもっともらしくなってくるでしょう。

　90年代に始まる大学改革は、バブル崩壊後のきびしい経済状況を反映して、はじめから文字通りに規制緩和と自由競争を高等教育に導入する改革でした。国立大学の法人化、学長や理事長に強い権限を与え、あたかも企業のようにtop-downで意思決定を行うなど、問題は多いのですが（山口 2017）、ここでは教育面だけに絞りましょう。それは、簡単に言えば、先に紹介した「観点別評価」あるいは多元的能力（学力）観を大学教育に導入するということです（図1-2）。2000年代に入ってから本格化する「学士力」とか「ディプロマ・ポリシー（学位授与方針）」とか呼ばれるものは、学士課程で達成すべき能力の種類と程度を表現したものです（図1-3）。

　ただし、これを順位づけが求められるような、厳密な評価で使うとなるととてもやっかいです――そもそも意欲や関心などは、客観的な評価にはなじみません。だから「観点別評価」というのは、それが

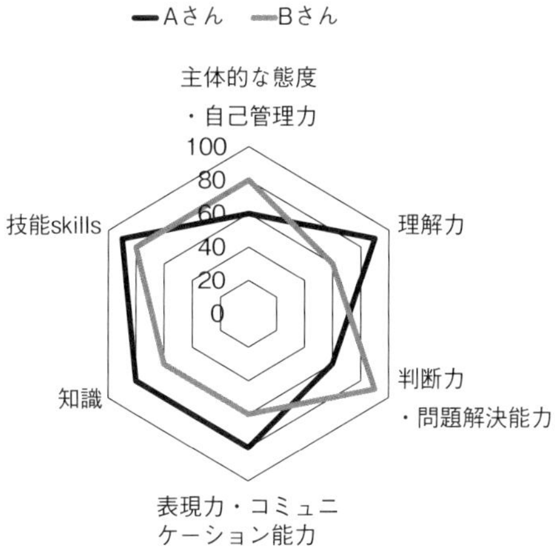

図1-2　多元的「能力」レーダーチャートのイメージ

はじめに導入された中学校や高等学校ではかえって難しい──意欲を測定するためにノートを提出させて、それを点数化するなどというおかしなことになります。しかし大学で、あくまで能力開発のための基準というか、目安のようなものとして使うことは十分にできるし、それはそれなりに有益なものでもあると思います。あくまで評価や測定のためではなくて、基準や目安としてということです。

さて、そういう理念として考えてみると、これによって、大学に求められる二つの矛盾する要求が、うまく媒介されるというか、橋渡しされることがわかります（図1-4）。要するに、勉強するにしても、そして仕事をするにしても、このような多元的な能力が必要であると考えることができれば、大学での専門的な勉学と、就職への準備という矛盾する要求がうまく橋渡しされるということです。大学が求める勉学への要求と、資本主義社会が求める職業生活への適応圧力との間の矛盾と緊張関係は、いまやこのような理念によって、かならずしも対立する要求ではなく、連続する、一貫した要求としてとらえられよう

ディプロマ・ポリシー（学位授与方針）

1. [態度・関心] 建学の精神にもとづく態度と社会・文化・人間への関心

① 自らを律する主体としての強さを身につけ、それにもとづいて、他者と協力してよりよい関係や社会を築くために貢献していこうとする基本的な態度を身につけている（スクールモットーである "Mastery for Service" の態度）。

② 現代社会やそこに生きる人間、そして異なる文化に深い関心をもち、生涯にわたって学び、考えていこうとする意欲をもっている。

2. [知識・思考] 社会学を核とする幅広くかつ系統的な知識と思考力

① 社会学を核とする幅広くかつ系統的な知識を身につけ、現代社会やそこに生きる人間が抱える問題と解決に向けての実践について理解するとともに、グローバル化にともなう社会現象や諸問題についての知識を身につけている。

② 社会学的な視点と思考力（社会学的想像力）を身につけ、論理的かつ実証的な思考や判断ができる。

③ 社会調査の実践的な意義を理解し、社会調査についての基本的な知識を身につけている。

3. [技能・表現] 実践的なジェネリック・スキル（汎用的技能）

① 生涯にわたって学習するための技能（ICT を用いた情報収集・分析・評価の能力、論理的・批判的な思考能力、数量的スキル、表現・伝達能力など）を身につけている。

② 日本語および一つ以上の外国語によって、的確に理解（読み・聞き）し、わかりやすく表現（書き・話す）するためのコミュニケーション・スキルを身につけている。

③ 社会調査についての基礎的な技能を身につけている。

4. [統合的能力] 総合的学習成果としての課題解決能力

上記1～3の学習成果を総合的に活用して、自ら課題を発見し、その課題を社会学的に分析・解決することができる能力を身につけている。

図1-3　関西学院大学社会学部のディプロマ・ポリシー
出典：https://www.kwansei.ac.jp/s_sociology/philosophy/policy/

第 1 章　大学のいま

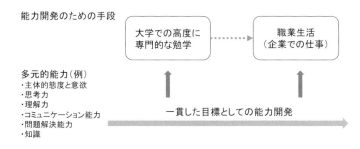

図 1-4　二つの矛盾する要求が多元的能力観で媒介されるイメージ

としています。

　たぶん、このような方向性は「能力開発」主義とでも呼ぶことができるようなものでしょう——大げさに言えば、この見方では、人生は何らかの「能力」の発見、開発、発揮を軸としてとらえられます。その背景にあるのは、「ポスト近代型能力」などと呼ばれる多元的能力観でしょう（本田 2005）。そこに一定の真理と利点があることは事実だとは思いますが、少なくとも大学のいまを考えるという視点から見ると、ここには大きな欠陥というか、大変な見落としがあるのではないかと思います。それはすでに述べた、評価や測定が困難という実務上の問題ではありません。その欠陥とは、いったい何なのでしょうか。

参考文献
吉見俊哉『大学とは何か』岩波新書（2011）
小熊英二『1968（上）若者たちの叛乱とその背景』新曜社（2009）
―――『1968（下）叛乱の終焉とその遺産』新曜社（2009）
―――『日本社会のしくみ』講談社現代新書（2019）
岩木秀夫『ゆとり教育から個性浪費社会へ』ちくま新書（2004）
山口裕之『「大学改革」という病』明石書店（2017）
本田由紀『多元化する「能力」と日本社会』NTT 出版（2005）

第2章

「社会」への問い
――「ことば」と「もの（ごと）」の関係――

1　大学での勉学は「能力開発」の手段ではない

　高等学校までは、いろいろな科目や分野をまんべんなく勉強する必要があったけれど、大学では、自分の興味や関心にもとづいて「主体的に」学び、「自分で考え、そして行動できる」ようにならなければならない、というような説明というか、注意喚起というか、を聞いたことがあると思います。まあ、それはたしかにその通りなのですが、それと同時に、このような説明には、少なくとも半分くらいは疑問の余地があるのではないかと思います。

　まずは、前半部の「まんべんなく勉強する必要があったけれど、大学では、自分の興味や関心にもとづいて『主体的に』学び」という部分。じつは、このような違いは、高等学校までの教育のなかで、とても多くの科目や分野をまんべんなく勉強しなければならないことを背景にして、かなり以前から学生たちには意識されてきたような気がします。かつて大学のカリキュラムで義務化されていた「一般教育 general education」（広くまんべんなく学ぶ科目群）が「パンキョー」などと揶揄されて学生たちから人気がなかったのもこのためで、それはそもそも「普通教育 general education」のことですから、要するに高等学校までの「普通科」と同じで、その延長でしかなかったからです。

1990年代に大学の規制緩和である「設置基準の大綱化」が実施され、多くの大学のカリキュラムから「一般教育」が消えたことで、このような学生の意識を今度は大学自身が承認し、あと押しすることになったわけです。ですからそれ以来、大学では「自分の興味や関心にもとづいて『主体的に』学ぶ」こと、もっと単刀直入に言ってしまえば、「自分の好きなことを（いやいやではなく、自分から進んで）勉強する」ことが推奨されるようになったと言えるでしょう。たしかにいやいややっても、あまりよいことはないかもしれないので。

　つぎは、後半部の「『自分で考え、そして行動できる』ようにならなければならない」という部分。前半部では、それぞれが自分の興味や関心（≒好きなこと）を見つけようとするのですが、やはりそれが勉強である以上、何か共通する方法や目標のようなものがなければなりません。そうでないと、大学はただの趣味の場にしかならない。つまりそれぞれ対象は違うけれど、大学で勉強する共通の方法と目標があるのではないかということです。

　たとえば「方法」としては、文章の読み方、まとめ方から始まって、文献・資料の探し方とか、その内容の整理の仕方など、「目標」としては、何かの課題を設定して、それに対する答えを出す、あるいは問題の解決を目指すとかです。要するに「スタディー・スキルズ study skills」などと呼ばれる、勉強の仕方の技術のようなものを身につけることが求められるようになっていきます。

　それは、いろいろな分野や対象に共通するものなので、2000年代に入ると、学部は異なっていても（大学院レベルではなく学部レベルという意味で）「学士課程教育」に求められる共通の能力としての「学士力」を身につけることが必要であると言われるようになります。大学教育の目標は、ひとりひとりが一定の能力を身につけ、それにしたがって行動できるようになることだ、などと言われるようになるわけ

です。

　「それってあたりまえでしょ」と思うかもしれません。でも、けっしてそんなことはありません。もともと（少なくとも戦後の）大学というのは、（たとえば文系学部では）経済、法、（政治、）社会などについて、それらがいったいどういう原理で動いているのかを考えたり、そこにはどういうよい点や悪い点があるのかを明らかにしたり、さらにはそこからどのようにしてよりよい経済、法、（政治、）社会をつくっていくかを議論する場だったはずです。それが好きだろうと嫌いだろうと、面白くても面白くなくても、興味があってもなくてもです。そのようにして、経済や法や（政治や）社会を学ぶ学部だからこそ、経済学部、法学部、社会学部という名前がついているわけです。

　それがいつの間にか、経済や法や（政治や）社会について学ぶことは、それを通して個々人の「能力」を開発するための手段になってしまったと言ってもよいかもしれません ── 第1章の最後に説明した「能力開発」主義という考え方です。もしそうなら、もはや経済や法や（政治や）社会について学ぶことそれ自体ではなくて、それを通して、個々人の「能力」を開発することが学部の目標になってしまったということになるでしょう。だとすれば、もはや経済学部、法学部、社会学部を名乗る資格はなくて、たとえば能力開発学部、もう少しもっともらしい名前で言えば、「キャリアデザイン学部」とでも改称した方がよいのではないかとさえ思います。

　たしかにどんな学部で何を勉強しようが、興味のあることを勉強しようがそうでなかろうが、好きだろうが嫌いだろうが、一定の方法と目標にしたがって勉強しさえすれば、結果としてそれなりの「能力」は身につくわけで、もしそれが目的であると言うなら、たしかに好きなこと、関心のあることを勉強した方が楽しい ── それはまったくその通りです。でもそうすると、経済や法や（政治や）社会の全体性

というか、そこに含まれる、あまり光を当てられない裏側の部分、かならずしも楽しそうではない側面（たとえば、資本主義は必然的に貧困を生み出してしまうとか、法の適用にはさまざまな社会的なバイアスが加わっているとか、社会はますます諸個人を取り込み管理するようになっているとか）は、誰も見ない、誰も考えない、誰も議論しなくなる──だって楽しくないからです。もっと楽しい話、明るい話をしようよ、そんな暗い話ばかりじゃなくて、なんて言われそうでしょ。そういう側面がまるでないかのように忘れられてしまったら、どうなるでしょう。きっと知らないうちに、そういう見たくない部分、楽しくない側面がだんだん膨らんでいって、気がついたらもう手遅れ、ということになってしまうでしょう。

　だから、まずは「社会」の成り立ちや現状やその問題点などについて、好きだろうと嫌いだろうと、関心があろうとなかろうと、それに向き合わなければなりません。いやなこと、こわいこと、腹が立つこと、そういうことを考えたり学んだりするのは、決して心地よいことではありません。でもそういうことから（そういうつもりはなくても）逃げてしまうと、「社会」の問題は一向に明らかになりませんし、解決にも向かいません。ある意味で、それは現状の社会を維持していくことには都合がよいと言えるでしょう。好きなことを学べばいいんだよ、というのはたしかに心地よいかもしれないけれど、それによって「社会」はわたしたちのものではなくなってしまうかもしれない。だから面白くないことでも勉強しなければならないし、向き合わなければなりません。

　だから大学での勉学は、能力開発の手段ではありません。学ぶこと自体に価値があり、それ自体が目的です。これはけっしてきれいごとではありません。大学を卒業して、たとえば企業に就職しても同じです。たしかに能力開発は求められるはずですが、仕事そのものはけっ

して能力開発の手段ではありません。少なくとも企業の観点からすれば、仕事自体に価値があり、それ自体が目的だととらえることが求められるはずです。

2 「社会(学)とは何か?」という質問とその罠

さて、もうなんとなく「社会」を見たり、感じたりできるようになってきたでしょうか。そうなってくると、つい一足飛びに「社会とは何か?」とか、(社会を研究する)「社会学とは何か?」と問いたくなってしまいますね。たしかに「〜とは何か?」という問いは、とても力強くそして大胆に、真実やことの本質 essence, nature に迫ろうとする、とてもよい問いだと思います。でも、たいがいあわてるとよいことはありません。すぐあとで見るように、この問いは同時に危険に満ちた問いでもあるからです。

大学での勉学は、専門的な学問的研究と結びついています。で、研究と呼ばれるものは、基本的に「問い question」と「答え answer」から成っています。「答え」が研究の成果なのだから、「答え」こそが大事だと思うかもしれません。もちろん「答え」は重要ですが、じつはそれにも増して重要なのは「問い」です。なぜなら「問い」こそが、「答え」を求める努力の源になっているからであるとともに、「問い」の立て方こそが「答え」への道筋を決めるからです —— よい「答え」はよい「問い」にしか宿りません。高校生までは、問うことよりも答えることを求められます。問題を出す(問う)のは教師で、生徒は答える側。でも、大学で研究とかかわるためには、自分で問い、問題を出さなければならない。だれも問いを出してはくれません。自分で問題を発見しなければなりません。だから、よい「問い」、正しい「問い」とはどういう「問い」かを考えなければならない。

「問い（質問）」には、考えてみると不思議なのですが、それに答えることを強く動機づけるはたらき、力のようなものがあります。「イントロダクション」で少しだけ触れましたが、わたしたちのコミュニケーションは、たんなる情報のやりとりではなく、力のやりとり、つまり要求を含んでいます。

　ところで、エスノメソドロジー Ethnomethodology・会話分析 Conversation Analysis という、社会学のなかではもともと少し異端的で、（だからというわけではありませんが）魅力的な研究分野があります（詳しくは、田中 2021 の第 8 章）。そのなかで「質問と回答」という対表現（「隣接ペア adjacency pair」と名づけられています）が会話を組織するための強力な装置であることが明らかにされています。だからわたしたちは、初対面の相手と会話をしようとするとき、いろいろ質問するでしょ――そうすると相手が答える。それはたんに相手の情報を得るためというのではなくて、それによって会話が進んで、相互に関係をつくっていくことができるからです。

　「問い（質問）」にはそういう力のようなものがあるので、逆に言えばいろいろと気をつけなければならない。たとえば、街角で知らないひとにいろいろ質問されたら、安易に答えてはいけません。知らないうちに会話に引き込まれて、何かを買う契約をさせられてしまったりするかもしれない。研究の「問い」も同じです。よくない「問い」から始めてしまうと、「問い」だから答えなければならないと思って引きずられてしまい、結局よい「答え」ができないということになりかねない。

　では、どんな「問い」がよい、あるいは正しい「問い」で、どんな「問い」が悪い、あるいは間違った「問い」なのでしょうか。というか、そもそもこんな「問い」自体がよくない「問い」であることは明白で、そんなに簡単に答えられるはずもないのですが、そこを思い切っ

て単純化して考えましょう。「問い（質問）」には、かならず何らかの「前提 presupposition」があります——というか、どんな種類の発話 utterance にもかならず「前提」はあるのですが。で、もし質問の前提が間違っていれば、それだけで、その質問は正しい質問ではないということになります。なぜなら、その質問に答えようとすると、自分もまた間違った前提を引き受けることになってしまうので、その結果間違った答えをすることになるからです。

　たとえば「フランス王は禿げているか？」という質問を考えてください——これはもともと分析哲学とか語用論で出てくる例文「フランス王は禿げている」をもじって、疑問形に変えたものです。この質問の前提はいったい何でしょうか。もっとも重要な前提、それは「フランス王が現存する」という前提です——そうでなければ「禿げているか」どうかは問えないからですね。周知のように、現在のフランスは共和国で、王政はすでに廃止されているので、フランス王は現存しません——「フランス王が現存する」という前提は間違っています。したがってこの質問は間違っていて、それには答えられない、というか答えてはいけません。

　さて、「社会とは何か？」「社会学とは何か？」、はたまた「人生とは何か？」とか「恋愛とは何か？」、要するに「〜とは何か？」といった形式をもった質問には、いったいどんな前提があるのでしょうか。少しわかりにくいですが、ヒントは、この節の冒頭で述べたように、この種の問いが（「ことば」が名指している）「ものごと」の真実や本質に一気に迫ろうとする力強い問いであるというところにあります。つまり、「〜」に当てはめられる「ことば」——「社会」であれ「社会学」であれ、はたまた「人生」であれ「恋愛」であれ——は、それぞれの「ことば」に対応する「ものごと」を名指している（逆に言えば、それぞれの「ことば」は、それぞれの「ものごと」の名前、名札、ラベルのようなも

のである）ということが想定されています。しかも名指されたそれぞれの「ものごと」には、たまたま偶然的に現れるような性質ではなく、ものごとそれ自身に内在する「自然で、本質的な」性質が備わっていると考えられている。ここで前提とされているのは、このような世界に対する見方です。

　だから、その「自然で、本質的な」性質を発見すること、これこそがこのような種類の「問い」に答えることにほかならない。もう少し単純に言えば、この種の問いには、「ことば」は「ものごと」の名前であり、「ものごと」にはそれ自身にもとづいた「本質」が備わっているという前提がある。だからここで問われていて、答えなければならないのは、社会や社会学、はたまた人生や恋愛なるものの「自然な本質」だということです。「ことば」は、「ことば」から独立し、すでに存在している「自然で、本質的な」性質を宿した「ものごと」につけられた名前、名札、ラベルに過ぎないとされてしまう。

　どうも大げさで回りくどい言い方をしているのですが、このような前提は、わたしたちにとってとくに意識されることもない、あたりまえの前提としてはたらいていると言ってよいと思います。ミシェル・フーコー Michel Foucault（1926-84）が明らかにしたように、「ことばともの」についての（二元論的な）思考様式——ことばの世界は、ものの世界を写し取るものであり、ことばはものを名指し、ものを記述する（代理・表象する）というはたらきに還元されるという思考様式——は、18世紀のヨーロッパ、近代社会のとば口で形成された思考様式です。そして19世紀以降、この両者をつなぎ合わせる力の源として「人間」なるものが世界の中心に鎮座するようになります（フーコー 1974）。それ以降の時代と世界を生きるわたしたちもまた、基本的にこのような思考様式の圏内、あるいはその延長線上で世界を経験し、思考している。そればかりでなく、このような思考様式のその後

の展開は、現代のわたしたちの「社会」をつくりあげる基本的なフォーマットにもなっていきます。

　そういうわけで、「〜とは何か？」という、たしかに少し大げさでものものしく聞こえる「問い」の背後には、とてつもなく大きく複雑な前提が待ち構えていることがわかると思います。そして多分、この前提の歴史的な顛末(てんまつ)は、本書のこれからの議論の全体ときわめて深くかかわってくるはずです。たとえば、すでに第1章でみた「能力開発」主義が想定している「能力」ということば／概念にしても、それは「個性」とか「適性」と結びつき、したがってわたし自身の「自然な本質」と結びついていることがあたりまえのように前提とされています。このような（とてつもなく大きな）前提は、これからの議論でたびたび出会うはずですが、ここではさしあたりそれを「自然性のイデオロギー」（あらゆるものごとには、何か自然な本質が宿っているはずだという考えや暗黙の前提）とでも呼んでおこうと思います。

　ここでは議論の戦線を拡大する前に、まずはこの大きな前提のごく一部分、どうもそれはそれほど堅固なものではないというか、むしろ明らかに誤りであるように思われる一部分についてだけ、見ておくことにしましょう。それだけでも、もしこの前提の一部分が維持できそうもないことが明らかになるとすれば、これからの議論の方向性が暗示されるばかりでなく、ものごとの真実と本質に一気に迫ろうとする力強い問い（「〜とは何か？」）は、同時にきわめて危険な問いでもあることが明らかになるからです。もしそうだとすれば、わたしたちの今後の「問い」もまた、用心しながら、一歩一歩慎重に進んでいかなければなりません。

3　ことばは「もの(ごと)」につけられた名前ではない

　まずは、「ことば」が「ことば」から独立し、それ自身の「自然な本質」をもつ「もの(ごと)」に、あとからつけられた名前であると仮定してみましょう。この仮定にしたがえば、「ことば」がはたらきだす前に、すでに「もの(ごと)」の世界は完全に秩序だっているはずです。「もの(ごと)」はさまざまな言語(たとえば、日本語、英語、ドイツ語、フランス語など)から独立した、「自然な」存在です。

　だとすると、あとからつけられた名前は、言語が異なれば、音声や文字は違うにせよ、まったく同一の「もの(ごと)」を指しているはずです。机とdeskは、音声や文字は違うけれど、まったく同じ「もの」としての「机／desk」を指している。ならば、当然のことながら、日本語の名前(机)は、別の言語の名前(たとえば英語のdesk)と完全に等価で一致しており、完全に交換可能というか翻訳可能なはずで、そうでなければなりません。きわめて単純な話です。はたして現実に、このような交換可能性、翻訳可能性は存在するでしょうか。もしそんなものが本当に存在したなら、わたしたちの外国語(たとえば英語)学習はどんなに簡単だったでしょう。まるで夢のようですね。異なる言語間の名前の一致、交換(翻訳)可能性などまったくないからこそ、わたしたちはあんなに苦労してきたし、いまもしているのです。ここからはっきりするのは、「ことば」が「ことば」から独立し、それ自身の「自然な本質」をもつ「もの(ごと)」に、あとからつけられた名前などではけっしてないという、きわめて明白な事実です。

　では、「ことば」はいったい何をしているのでしょう。少なくとも、「ことば」はすでに存在する「もの(ごと)」に、たんにあとから名札をつけるように貼りつけられるものではない。「ことば」がしているの

は、そんな単純でおまけのような作業ではありません。まったくそれ以上のこと、事態をまったく逆転、反転してしまうような大仕事がそこにはあります。名札を貼りつけるという比喩を使うなら、「ことば」が行っているのは、いわば何もないところに勝手に名札を貼りつけてしまうというか、名札といっしょに「もの（ごと）」（の世界）をつくり出してしまうというか、名札に対応する「もの（ごと）」（の世界）があたかもすでにあったかのような状態をあとからつくり出しているとか、そういうことをしているのです。

　「もの（ごと）」の世界には、はじめから（言語に依存することなく）それぞれの「もの（ごと）」を区別したり分類する基準というか、秩序があるわけではありません——もしそんなものがあるのなら、異なる言語間で、名前は完全に交換可能なはずです。「ことば」がなければ、そもそも「もの（ごと）」を区別したり分類したりすることはできない。精確に言えば、ひとつひとつの「ことば」ではなく、たくさんの「ことば」同士がつながる、「ことば」のネットワークが、「もの（ごと）」の世界を切り分け、ものの世界に秩序や形式を与えているわけです。したがって、それぞれの言語によって、異なる名札とそれに応じた「もの（ごと）」があるのであって、言語が異なれば、名札も違うし「もの（ごと）」も違う。だから、同じ「もの（ごと）」に異なる名札がつけられるわけではありません。言語が異なれば、見えてくる「もの（ごと）」の世界そのものが異なる。それは、わたしたちが文化の違いなどというときの、もっとも根底にある違いです。

　わたしたちがあまりによく知っている簡単な例で説明しましょう。日本語では屋外にある「木」も、わたしたちが勉強している「机」をつくっている「木」も、同じ「木」という名前、名札であらわします。でも英語では、前者は「tree」、後者は「wood」という異なる名前、名札で別々にあらわします。図2-1からわかるように、日本語の「木」が

第 2 章 「社会」への問い

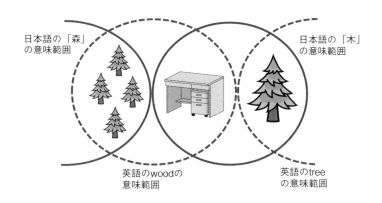

図 2-1　言語による意味範囲のずれ

意味する範囲と、英語の「tree」や「wood」が意味する範囲は同じではなく、ズレている。こんなことは、中学校（あるいはもしかしたら小学校）で習うことで、だれでも知っていることです。でも、なぜこんなことが起こるのか、あるいはこのことがいったい何を意味しているのかは、とても重要な問題ですが、残念ながらだれでも知っているわけではありません。

　なぜこんなことが起こるのか。それは、言語が異なると、「同じもの」として扱う範囲が異なるからです。つまり言語が違えば、世界をどこで区切るか、どこで切り分けるか（分節化する articulate）、その線引きの場所が異なるということです。ある言語ではここに、別の言語ではここではなく別のところに線を引く、区切りを入れるということです。まず「もの（ごと）」が先にあって、あとから名前、名札が貼りつけられたのではありません。むしろまず「ことば」がさきにあって、その名前、名札によって「もの（ごと）」が切り分けられ、「もの（ごと）」の世界がはじめて立ち現れれてくるのです（鈴木 1973）。

33

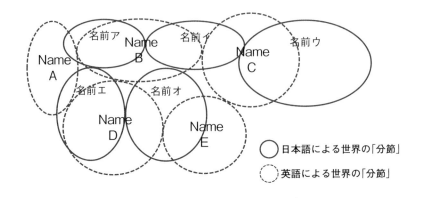

図 2-2　言語による世界の分節化

4　「ことば」のネットワークと「もの(ごと)」のネットワーク

　図 2-2 で、「ことば(言語)」のシステムあるいはネットワークが世界をどのように切り分けているかをイメージしてみましょう。日本語は世界を、たとえばア、イ、ウ……のような名前(とそれがあらわす意味領域)の連なり――この連なりはシステムといってもよいし、ネットワークといってもよいでしょう――として切り分けて(分節して)いると同時に、相互に関係づけています。それに対して、英語は世界を、たとえば A、B、C ……のような Name (とそれがあらわす意味領域)の連なり、システムあるいはネットワークとして切り分けて(分節して)いると同時に、相互に関係づけています。ですから、日本語によって切り分けられ、関係づけられた「もの(ごと)」の連なり、システムあるいはネットワークと、英語によって切り分けられ、関係づけられた「もの(ごと)」の連なり、システムあるいはネットワークは、この図で示したように、けっして重なり合ってはいない。だから、こ

第 2 章 「社会」への問い

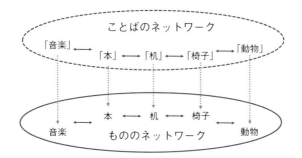

図 2-3 「ことば」のネットワークと「もの」のネットワークの「共鳴」

の図で言えば、日本語の名前アは、英語に置き換えようとすると、Name A になったり Name B になったりするし、英語の Name B は、日本語の名前アになったり名前イになったり……するわけです。

　図 2-3 は、今説明したことを少し違う角度から示したものです。わたしたちは「ことば（単語）」が、直接的に何らかの「もの（対象）」を指していると想定しがちです。「本」という「ことば（単語）」は「本」という「もの（対象）」を指し、「音楽」という「ことば（単語）」は「音楽」という「もの（対象）」を指し、という具合に。しかしすでに見たように、「ことば」はまっすぐに「もの」に向かっているわけではありません。ひとつひとつの「ことば」は、他のたくさんの「ことば」と複雑な関係、ネットワークを形成しています。それが具体的にどのようなシステムあるいはネットワークであるか、もしそれを知りたければ辞書を見るしかありません（国語辞典、英英辞典、独独辞典など）。

　わたしたちが（言語を通して）世界を見るとき、この言語のシステムあるいはネットワークが、そのまま世界にかぶせられる、重ね合わせられます。「音楽」「本」「動物」……という「ことば」のネットワークが世界にかぶせられて、「音楽」「本」「動物」……という「もの」のネッ

35

トワークが現れてきます。そうすると、ひとつひとつの「ことば（単語、名前）」が、あたかもひとつひとつの「もの（対象）」を直接まっすぐに指しているかのような印象がつくり出されます。ひとつひとつの「ことば」が直接に「もの」に向かっているという印象は、それ自体ではかならずしも有害とは言えません。ただし、「もの」には本質が宿っていて、「ことば」はその本質に向かっているという考え（「自然性のイデオロギー」）と結びついてしまうと、明らかに間違っていて有害なものとなってしまいます。

　「ことば」は、そのネットワークによって、「もの（ごと）」の世界を切り分け、いわば整理をしているのであって、そこには多様な「もの（ごと）」が含まれています。「もの（ごと）」の本質というとらえ方は、そのような現実の多様性をむりやりにひとつの「本質」へと切り詰めようとするはたらきをもっていることに気をつけなければなりません。たしかにものごとを原理的に考えることはきわめて重要であることは間違いありません。というかだからこそ、つねに現実の多様性に注意をはらっておかなければならない。「社会」や「社会学」ということばについて考える場合もまったく同様です。

　たぶんさらにその先には、「ことば」をその使用において見る、というか「ことば」の意味とはその使用であるという立場への大きな転換が待っていると言わなければならないでしょう（野矢 2022）。「ことば」（の世界）は「もの」（の世界）をその「自然な」本質において写しとるといった認知主義的な立場では、もはや現実の行為やコミュニケーションを説明できないのは明らかです（スペルベル・ウイルソン 1999、今井 2001）。本当のことを言えば、いまわたしたちが到達した考え（「ことば」のネットワークと「もの（ごと）」のネットワークの「共鳴」）も、まだこのような認知主義的な立場から自由になっているわけではありません。「ことば」はあくまで行為やコミュニケーションという現実

に埋め込まれたものとして理解していかなくてはなりません。社会学もまたこれまで(とくにエスノメソドロジー・会話分析や談話分析などを通して)そういう方向で貢献してきましたし、これからもそれをつづけていくでしょう(田中 2021 第 8 章を参照)。

　ここでは、この方向で議論を深めることはできませんが、少なくともこれから「社会」について考えようとするなかで、「社会」の本質は何かと問うのではなく、「社会」ということばがいったいどのような必要やどのようなねらいにもとづいて、どのように使用されてきたのか、というところに着目して考えていく必要があるのではないかと思います。

参考文献
田中耕一『社会学的思考の歴史』関西学院大学出版会 (2021)
ミシェル・フーコー『言葉と物』新潮社 (1974)
丸山圭三郎『ソシュールを読む』講談社学術文庫 (2012)
鈴木孝夫『ことばと文化』岩波新書 (1973)
野矢茂樹『ウィトゲンシュタイン『哲学探究』という戦い』岩波書店 (2022)
D. スペルベル・D. ウイルソン『関連性理論(第 2 版)』研究社 (1999)
今井邦彦『語用論への招待』大修館書店 (2001)

第3章

「社会」の誕生
――「社会」に埋め込まれる「統治」――

1 ことば／現実としての「社会」と「個人」

　これまで批判的に見てきた言語観――それは、「もの（ごと）」にはもともと何か本質が宿っていて、「ことば」はそれを指し示す名前であるというものでした。そうではなくて、むしろ「ことば」は分類と仕分けのネットワークあるいはシステムであって、それが現実世界にかぶせられると、あたかも「ことば」と「もの」が一対一に対応しているかのような印象、というか効果のようなものが生まれてきます。ここではまず、そういうことば（のネットワーク）と現実（のネットワーク）の「共鳴 resonance」という視点から、ことば／現実としての「社会」とその歴史的な変容について見ていきましょう。

　不思議に思うかもしれませんが、日本では19世紀後半の明治期のはじめころには、まだ「社会」ということばも「個人」ということばもありませんでした。日本語のネットワークに、それらのことばがないということは、日本の現実のネットワークにも、それらのことばが対応して指し示すはずのものごと（現実）がないということなので、当時の日本にはことば／現実としての「社会」も「個人」も存在しなかったということになります。

　「いやいやそれはないだろう」と思うかもしれません。たしかに、

第3章 「社会」の誕生

「社会」ということばも「個人」ということばもなかったのは、それらがもともと翻訳語、つまり society と individual の翻訳語として、明治期にはじめてつくられたことばだからであって、もともと日本語の語彙にはなかったことばだからです。「そうかそうか、それなら納得——つまり現実の『社会』や現実の『個人』がなかったわけではないよね。そんなはずはないし、たんにそうした現実を表現することばとしての「社会」や「個人」がなかっただけじゃないか」などと安心しないでください。もしそうだとするなら、もともとの日本語のなかに、現実の「社会」や「個人」に対応し、それを指し示す何らかの語彙があったはずです。それなら、単純にその語彙を society や individual の訳語にすればよかった。わざわざ新しいことばを生み出す必要などありません。なぜそうしなかったのか、あるいはできなかったのか。

　もう一度、ことばと現実の「共鳴」関係を思い出しましょう。わざわざ新しいことばをつくり出したのは、ぴったりと society や individual の意味と重なり合う、日本語の語彙がなかったからであって、つまりぴったりと society や individual の意味と重なり合う現実もなかったからです。だからやはり、当時の日本には「社会」も「個人」も存在しなかった。もちろん、ひとやひとびとの集まりという漠然とした現実はたしかにあったのだけれど、どうもそれは society とか、individual と呼ばれているものとは違うものだ、と当時の知識人たちは考えたわけです。そんな現実がないわけだから、当然日本語の語彙にもそんなものはない。新しいことばを発明するしかなかった、というか新しいことばをつくることによって、まさにそのような新しい現実をもつくり出していこうとしたということができるかもしれません。

　19世紀後半、明治期の日本では——というか、日本という「国家 state」が誕生したのも、さらには「国家」という漢語を state の翻訳

語に当てたのさえ、この時期です──、さまざまな制度、文化、学問、思想などが一挙に大量に欧米から輸入されて、近代 modern という時代がスタートしたわけですが、society や individual は、そのような欧米の制度、文化、学問、思想のなかに深く埋め込まれたことばであったということに注意しなければなりません。だとすれば、当時の日本に、society や individual にぴったりと重なり合うことばも、そして現実もなかったのは、むしろあたりまえのことです。

　そんなわけで、明治期のはじめころ、society や individual という語をどう日本語に置き換え、翻訳したらよいのかが問題となりました──もちろんほかのたくさんの用語とともに（柳父 1982，齋藤 2005）。そもそも翻訳には二通りの仕方があります。第一は、多少のズレを含みながらも、それまでの日本語の語彙を使って何とか表現しようとするもの。第二は、まったく新しいことばをつくってしまうというものです。それまでの日本語の語彙で使えそうなことばは「仲間」、「交際」、「社交」、「世間」などでした。実際、福澤諭吉はかなり早い時期に「人間交際」という訳語を使っていて、そこには society がひとりひとりの人間 individual の関係（交際）から成るものだという鋭い洞察が込められていたと言ってよいと思います（柳父 1982：7-12）。残念なことにこの訳語は定着しませんでしたが、もし定着していれば、いまごろわたしたちは「人間交際学部」で「人間交際学」を学んでいたかもしれません。意外と悪くないかもしれない、という気がします。少なくとも「仲間学部」や「世間学部」よりははるかによいですね。ついでに言うと、実際に「社会学 sociology」は当初「交際学」と訳されたことがありますし、「世態学」という言い方は公式の表現としてかなりあとまで残っています（明治18年まで）。新しいことばとしてつくられた「社会」が、明治10年（1877年）ころから普及し始め、society の訳語としてしだいに定着していくにしたがって、

第 3 章　「社会」の誕生

sociology も「社会学」になっていきます。

　「世間」ということばは、いまでも「社会」と近い意味で使われますが、意外なことに、当時 society の訳語としてはそれほど多く登場しているわけではありません。福澤は「人間交際」という訳語で、society はひとりひとりの人間 individual がつくり出すという意味を込めたのではないかと述べましたが、「世間」ということばには否定的でした（福沢 1978：154f., 柳父 1982：17f.）。たぶん「世間」はひとりひとりの人間（の意志）に分解したり、ひとりひとりの人間（の意志）によってつくり出されるという意味が乏しく、それに対して society はひとりひとりの人間（の意志）からつくり出されるものという理念が強く意識されていたからだと思います。そしてそのような感覚は、当時の多くの知識人たちに共有されていたのではないでしょうか。つまり「社会」とそれを構成しているひとりひとりの人間——これがのちに「個人」と翻訳されるようになるのですが——をあくまでセットでとらえるということです。その背景には、個人主義や民主主義、自由や平等といった思想的・政治的・文化的な理念が待ち構えていることは明らかです。このような含意をともなったものとして society や individual が理解されていたわけで、たしかに「世間」には卑俗な印象がぬぐえなかったのかもしれませんが、やはり「世間」は、自由で独立したひとりひとりの人間がつくり出すものというよりも、むしろひとりひとりの人間を外側から規制する全体性のような何ものかであるということが大きかったのではないでしょうか。

　society が「社会」と訳されていくにしたがい、やや遅れて、individual の翻訳語が「個人」に定まっていきます。individual は、はじめは「ひとり」「一身」「各人」「各個」などの訳語が試されながら、しだいに「一箇の人」や「独一個人」から「一個人」となり、さらに「一」が取れて「個人」になっていきました。長い道のりを経て「個

人」が定着するのは、明治期半ば近く（明治20年を過ぎたあたり）、19世紀末のことです。すでに述べたように、ひとりひとりの人間（の意志）が、社会を構成していると考えるなら、まさにそういう強い意志をもった、自由で独立したひとりひとりの人間を何と表現するのがよいのか。当時の日本では、まだ「ひとりひとり」の意志が十分に尊重される時代ではなかったわけで、そうしたなかで「ひとり」は、自由で独立した「ひとりひとり」を表現するにはどうも不十分だ、あまりに軽いし頼りない、という感覚があったのではないでしょうか。individualism の重さをともなった individual の訳語は、多分 society の翻訳以上に難しかったと言ってもよいでしょう。

2　ことば／現実としての state（国家）

では、元祖「社会」たる society を育んだヨーロッパに目を転じてみましょう。ヨーロッパでは、society ということばそのものの歴史はとても古いので、あたかも現実としての「社会 society」の歴史も同様に古いと思いがちですが、よく見ていくとけっしてそうではありません。

society のもともとの意味は、ラテン語の socius（仲間、友人）にさかのぼるもので、比較的せまい範囲のひとびとのつながりを指していて、けっして現在のわたしたちが「社会」ということばを使うときに想像するような、ほぼ（これまた現在の）「国家 state」の範囲と重なり合う、顔の見えないひとびとの活動と関係の総体を意味しているわけではありません。というか、そもそもそういう大きなまとまりとしての「社会」が明確な輪郭を現してくるのは、（ヨーロッパでは）17世紀から18世紀にかけてのことです。それ以前のひとびとの生活は、基本的にせまい範囲のつながり（「共同体 community」と呼ばれま

第 3 章 「社会」の誕生

す）のなかに閉じ込められていましたし、それを超える関係の輪は、ほかの同様にせまい範囲のつながりとの錯綜し、からまり合った、見通すことのできない、いわば混沌とした領域でしかなかったと言えるでしょう。だから、たしかに society ということばの歴史は古いのだけれど、だからといって現在の society という現実も同様に古いというわけではけっしてありません。むしろ society ということばの意味が、ひとびとのつながりのあり方という現実の変容に応じて拡大されていったと考えた方がよいと思います。大きなまとまりとしての society という新しい現実を表現することばで揺れ動き、苦労したのは、何も明治期の日本だけではありません。一世紀あまりさかのぼったヨーロッパで起こったことも、同様に新しい現実にどういう表現を与えるかという問題でもあったのです。

　したがって、その大きな「社会」が現れてくる直前の 16 世紀末にラテン語から英語化された civil society ということばが意味しているのも、同様にそれ以降現れてくる「社会」ではありませんし、ましてや「市民社会」などではありません。このことばの由来がラテン語から古代ギリシャ語までさかのぼるものであることが、ヨーロッパでは「社会」の歴史がとても古いという印象を抱かせてしまう大きな要因なのですが、この時点では、まだ「社会」も「市民社会」もありません。

　たしかに civil society は、ラテン語の societas civilis、さらにアリストテレスのポリティケ　コイノニア（ポリス共同体）にまでさかのぼります。要するに古代ギリシャで（「都市国家」と翻訳される）「ポリス polis」と呼ばれた、政治的に組織され統治された共同体を指しています。それは、オイコス（家）の支配者たる特権的な「市民 civis」を構成員とする政治的な共同体ですから、まだ「国家 state」ということば／現実が誕生する以前の、（権）力による支配と統治の秩序、いわばプロト（原）「国家」のひとつを指していて、それがのちのちに civil

43

societyと呼ばれることになります。「社会」ではなく、「国家」（の原型のひとつ）です（植村 2010）。

　そうしたなかで16世紀になると、これとは系譜の違う state（ラテン語の status からきている）ということば（実際にはイタリア語 stato、フランス語 État などですが）が、領土とひとびとを支配する、新しく現れてきた政治的秩序に使われるようになります（ニッコロ・マキャベリ Niccolò Machiavelli 1469-1527 が使ったことで普及しました）。もっとも、このことばが使われたのは大陸が中心で、英語圏ではむしろ commonwealth（ラテン語 res pubulica の翻訳）の方が好まれたようですが、いずれにしても政治的共同体≒国家の意味での civil society はあまり使われなくなります。もちろんこのようなことばの変化は、新しい現実としての「国家 state」が現れてきたということでもあります。では、それはどのようなものだったのでしょうか。

　16世紀以降、いよいよことば／現実としての state（国家）の時代になっていきます。中世のキリスト教支配と封建制の時代から、しだいに複数の世俗的国家の権力が強くなり、やがて絶対王政と呼ばれる時代になっていきます。16〜17世紀あたりの「絶対王政・絶対主義」の時代、フランス王のルイ14世とか、イングランド女王のエリザベス1世とか、王権神授説、官僚制、常備軍など、近代国家の第一歩を築いたことになっていますが、じつはそれほど「絶対的」でも、「近代的」でもなかったということが、すでに知られています。

3　「中間団体（社団）」による支配 ── プレ「社会」の現実

　歴史学では「社団」（ラテン語の corpus ／身体に由来し、フランス語で corps [kɔr] とか corporation、英語では body になる）とか、「中間団体 corps intermédiaires」などと呼ばれていますが、中世以来の、自律性

第 3 章 「社会」の誕生

をもった「中間的／媒介的勢力 intermediaries」が、国王および統治機構とひとびとの間にあって、国家の支配は、かれらに権限を保証したり、特権を与えることを通して、はじめて維持することができました。けっしてひとびとを直接的に支配していたわけではありません。国家の統治は、あくまで間接的な統治であったといわなければなりません。近現代の直接的な統治とは根本的に異なります（二宮 1995：158-221）。

　この「社団」とか「中間的勢力」には、じつに多様なものが含まれていて、なかなか見通しづらいというか、そもそもその見通しづらさが最大の特徴とも言えます。いずれにしても、それらを構成している最小単位は擬似血縁関係をも含む「家（族）family」あるいは「世帯 household」であって、いずれそこからむき出しにされてくる、いわばプロト（原）「個人 individual」たち──もちろんかつての家長たる成人男性以外、とくに女性は長らく従属的でありつづけているのは現代でもなかなか変わらないのが現実で、「個人」という言い方がそうしたジェンダー格差をおおい隠してしまうことには注意が必要です──は、よい意味でも悪い意味でも、その内部に深く包摂され、一体化していると考えられます。

　この時代の家族あるいは世帯は、生命維持のための基礎的な単位として生業（農業や商工業の生産活動）を営み、生産のための労働を行うという意味でも、また人間の再生産と再生産労働を行う（子どもを産み育てる）という意味でも、最小の単位でした。ただしそれと同時に、その両側面において、家族の外部（他の家族あるいは世帯および地縁的・血縁的な共同体）と濃密で分かちがたい関係のなかにあり、その一部となっています。しかも近代以降とは違って、前者の生産と労働の単位としての側面が家族の中核にあり、したがってそこには支配と服従（その裏返しである保護と愛着を含めて）の関係が貫かれていたと

言えるでしょう。近代以降の家族の特徴とされる「情愛 affection」にもとづいた関係とか、「親密性 intimacy」という要素は、もちろんないわけではありません。ただ、それは支配と服従のなかに、というかむしろその裏返しとしての保護と愛着のなかに深く埋め込まれているためにはっきりしません。また、そもそも家族自体がその外部（の共同体）に対して開かれているために、情愛的な関係や親密性もまた家族を超えた、より広い血縁的・地縁的共同体のなかに分散しており、かならずしも家族のなかに焦点化はしていません。

たとえば、ヨーロッパ（フランス）で、「子ども enfant（仏）」ということば／現実（対象）がしだいに明確になる —— おおむね現代の学童期6～12歳くらい —— とともに、独特のまなざし、感情そして配慮が向けられるべき存在として現れてくるのは、17世紀以降のことだとされています（アリエス1980）。それまで「子ども」たちは、外部に対して開かれた家族の内外で、大人たちに混じって生きており、働き、学び、そして遊んでいます。「子ども」ということば／現実（対象）があいまいではっきりしない状態で、「大人」と混じり合っています。たとえば当時の絵画作品のなかでも、「子ども」が主題となることは少なく、またその描かれ方も何か「子ども」特有の服装やしぐさというよりも、むしろ「小さな大人」として描かれているとされます。

それに対して、17世紀以降は、家族がしだいにその外部の共同体から身を引き、独立する傾向が強くなり始め、それに応じて、しだいに「子ども」に対する独特のまなざし、感情そして配慮が目立ってきますし、それが家族のなかにいわば集約されていきます。しだいに「子ども」は家族の中心となっていきます。「夫婦と親子の『情愛』と排他的な『親密さ』によって特徴づけられる血縁家族」（姫岡2008：3）、すなわち「近代家族」が誕生します。

このような家族の変容の背景には、生産と生産労働の場が、家族／

第 3 章 「社会」の誕生

世帯あるいはその延長である血縁的・地縁的共同体から分離していくという、とてつもなく大きな変容があります。すぐあとに見るように、そうしたひとびとの関係と生活を解体していく「社会」と呼ばれることになる新しい領域が誕生し、生産と生産労働の場は、「社会」へと移動していきます。より精確には、生産と生産労働のまったく新しい組織化の形態、資本制とか資本主義と呼ばれる組織化の形態に移行していくということです。このような大きな変容、いわゆる産業革命／工業化にともなう、ひとびとの組織化のあり方の大転換によって、家族は生産と生産労働の単位あるいは場としての性格を失い、人間の再生産と再生産労働を行う（子どもを産み育てる）場となっていきます。家族が、私的な private 空間として閉じていき、情愛、親密さ、愛によって焦点化された空間となっていくのは、このような大転換の、いわば反対側で同時に進行した大変容なわけです（上野 2009）。

　だいぶ先走りましたので、もう一度 17 世紀あたりのヨーロッパ、中間団体の話に戻りましょう（二宮 1995）。当時の中間団体を構成している最小の単位である家族は、農村であれば、さらに（一定の職業分化を含みながらも）空間的・地縁的結合である村落共同体のなかで、農業労働にかかわる共同の慣行、教会を核とした共通の宗教生活、祭りに見られるような心的共同性などを通して、互いに固く結びつき、強い一体性をつくり出しています。村落共同体は、さらに中世の流れをくむ領主所領などを経て、より大きな「地域」や「地方」といった上位の空間的なまとまりに包摂されていきます。都市であれば、もちろん空間としての都市それ自体が中世以来の都市特権にもとづいた強力な一体性をもっていますが、そこには、職業分化に応じた多種多様な同業組合（いわゆるギルド）が含まれており、固有の掟を定め、独自の慣習を守り、また強い信仰を共有しつつ、きわめて強い絆をもっています。同業組合は、「第三身分」たる「働く人」を組織化するものであ

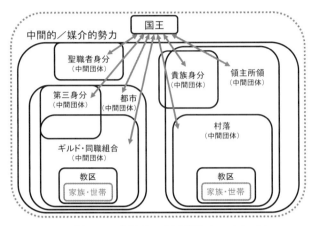

図 3-1　共同体の多元的秩序のイメージ

り、中世以来の身分である「聖職者」そして「貴族」もまた、職能的な共同体、社団のひとつと言うことができそうです。このようにして、空間的および職能的（身分を含む）な社団＝共同体が、それぞれに閉鎖的かつ強い一体性をもった共同体として、複雑にからまり合っていました。プレ「社会」pre-society（「社会」以前）の現実は、さまざまなレベルと種類の「共同体 community」から成る鎖の輪がきわめて複雑にからまり合った、多元的で見通しのつかない混沌とした現実であったと考えることができると思います。

　そうした複雑で入り組んだ共同体の鎖の連鎖があって、その頂点に国王が君臨するわけです。つまりたしかに頂点には国王がいるのですが、その下にはとても見通すこともできないような複雑な共同体の鎖の連鎖があり、その末端には家族（共同体）があって、そのなかにはプロト（原）「個人」のようなひとびとがいる。共同体の多元的な秩序、これこそが、プレ「社会」の現実であったということです（図3-1）。

　そういうわけで、国家とひとびととの間には、見通しづらく入り組んだ共同体の連鎖があり、精確に言えば、ひとびとはそうした多元的な

共同体の内側、その末端にある家族（世帯）のなかに固く結びつけられていました。ひとびととその活動は、依然としてそれぞれの共同体の一部であり、それを超えて、何か共通の広がりをもつ関係の空間も、そしてそこでくり広げられるはずのひとびとの活動も、まだ暗闇のなかに沈んだままです。

4 「人口」の発見から「社会」の誕生へ

　たしかに絶対王政といっても、その実態は、依然として「中間的勢力」と呼ばれる中間団体（社団）の力が強く、そのバランスのうえに立つ国家に過ぎませんでした。国王の前に立ちはだかるのは、見通しのきかない中間団体（社団）という鎖のからまり合ったつながりです。その内部に包摂されているひとびとを見通せるような状態ではありませんでした。いったいどれくらいの人口（世帯）がいて、どんな経済活動をしていて、どれくらい稼いでいるのか、国家／政府はとてもそこまで把握できません。なぜ見通せないと困るかと言えば、それでは自前で徴税ができないからです。中間団体に頼らざるをえない。そうするとそこで誤魔化されてもわからない。絶対王政のキーワードである「官僚制」のもっとも重要なポイントは、まさに徴税のための行政官を完全に国家の管理下に置くということでした。で、そうしてかき集めた税金で軍隊を強化する、もちろん軍備にお金は必要だけれど、何といっても当時の兵隊はまだまだ傭兵が中心で、常備軍となれば膨大な費用がかかる、というわけです。そんなわけで、たしかに当時の国家はまだ、中間的勢力を潰してしまうほどの力はなく、うまくバランスをとるというか、利用するしかなかったし、実際にこれが完全に崩壊するのはフランス革命まで待たなければなりません。しかしだからといって、ここで起こっている新しい事態を見落とすわけにはいき

ません。

　何といっても、新しく生まれつつあった（世俗的）「国家 state」は、少なくとも理念のうえでは、それまでとは大きく違って、ひとびとに関心をもち、かれらを導き、直接的に支配・統治の力を及ぼそうとしていました。それはミシェル・フーコーが「生‐権力」への転換と呼んだものです（フーコー 1986, 2007）──これからこの問題にたびたび出会うはずですが、詳しくは第5章で扱います。「そんなことあたりまえでしょ」と思うかもしれませんが、そうではありません。それは確実に新しいものです。たとえばこの時代に、「ポリス polis」ということばが──それはギリシャ以来、「国家 state」以前の国家≒政治的共同体のひとつの呼び名でしたが──、明らかにまったく異なる意味を帯びて使われるようになります。たしかにそれは（政治的な）秩序の維持に向けられていますし、近代になれば、むしろその意味に限定されていきます（「警察」）。ただしこの時期の「ポリス」を特徴づけているのは、それと同時にというか、そのさらに先にというか、世俗国家のもつ力（国力）の増強に向けて、ひとびととその活動に強い関心を持っているということです──まずは、まさにひとびとそのものである人口、そしてそれを養うための食糧生産、食糧供給や価格（の統制や監視）、ひとびとの健康、道徳、労働と生産、道路などの整備や流通の統制や促進、貧民救済など。そうした施策、行政の全体が「ポリス」と呼ばれるようになります（フーコー 2007：389）。

　それは、たんに呼び方が変わったということではありません。まったく新しい何かがそこに生まれていて──新しく生まれてきた国家 state は、それまであまり関心をもたなかったことに大いに関心をもち始めるのです──、それをこれまであったことば（ポリス）の意味を拡張して表現しているということです。そう、狭い範囲の人間関係を指していた、あの society ということばを、新しく生まれてきた広

い範囲の人間関係に対しても、意味を拡張して使うようになったのとまったく同じように。だから古めかしいことばである「ポリス」が使われているからといって、古くからあるものに過ぎないとか、何か古いものが復活したとかではまったくありません。まったく逆で、国家はここではじめて、ひとびとに関心をもち、ひとびとの道徳と健康に関心をもち、ひとびとの活動に関心をもち、ひとびとの仕事（職業）に関心をもち、そしてひとびとの活動の全体を監視・支援しつつ、それを国力の増強へとつなげていこうとします。もはや、ひとびとを抑圧し、ひとびとの力を弱くさせることで支配を確実にするというよりも、ひとびとのもつ力を引き出し、それをさらに増大させて、国家のために利用していこうとしているのです。たぶん、それがうまくいけば、ひとびとは豊かになり、ひとびとのいわば「幸福度 welfare」は上がりますが、もちろんそれ自体が目的ではありません。目的はあくまで、そのことを通して、国家の富と力を増すこと、国力の増強にほかなりません。

　たしかに、それまでのキリスト教（カトリック教会）による導きに代わって、新しく登場してきた世俗的な国家がひとびとを導こうとするのは、ある種の自然な流れなのかもしれません。しかしながら国家は、新しく台頭してきた商工業の利益を取り逃さないようにするとともに、むしろそうしたものをあと押しして国力の増強へとつなげるために、ひとびとの活動そのものを把握し、支配しようとし始めたと言った方がよいでしょう。

　そんなわけで、国家は確実に中間団体の向こう側というか、その内部にいるひとびと、そしてかれらの活動を直接的にとらえ、支配しようとします。すでに述べたように中間的勢力の力はまだまだ強く、せめぎ合いはつづくのですが、しだいに国家は軍事力を背景として、単一の法体系によって、ギルド、教会、領主所領などによる多元的で矛

盾しあう法のあり方を変えていこうとします。また、貨幣や度量衡のシステムなども標準化していきます。そこにできあがっていくのは、それまでの多元的で、閉鎖的で見通しのきかない、不均質な空間ではなく、均質で、開放的で、透明で見通しのよい、まったく新しい空間です。ここで注意してほしいのは、このような空間こそが、すぐあとで述べる「社会」という、ひとびとの関係と活動の総体をそもそも成立可能にする空間であって、したがって「社会」は国家による統治の力と、よい意味でも悪い意味でも不可分に結びついているということです。

　このような滑らかで、均質な空間のなかで、新しく生まれつつあった産業とそれを支えるブルジョアジーたちが、まさに自由に活動し、動き回れるようになっていったのです。それまでの閉鎖的で、営業を独占してきたギルドは、しだいに古臭いものになっていきます。営業するための資格は、しだいにギルドが独占するものではなく、国家が独占するもの、まさに国家資格になっていきます。

　国家によってつくり出された均質な空間のなかで、ひとびとの集まりが、まずはそして何よりも「人口 population」としてとらえられたということは、とても象徴的だと思います。ここで「人口」と呼ばれているのは、たんなるひとびとの数というよりも、ひとびとの生活のあり方も含んだような、もう少し厚みのある概念で、だからこそそれは18世紀になると、「社会」ということば／概念で置き換えられていきます。そうはいっても、やはりそれはまずもってひとびとの数を指しているのは間違いありません。ひとびとが数に還元されるというのはどういうことなのでしょうか。いまでは、そんなことはごくあたりまえのことに過ぎませんが、それでもそれぞれの個性や違いが無視されて、「のっぺらぼう」な数に還元されることに、多少の違和感を感じることがあるかもしれません。で、当時のひとびとは、たとえば身

分によって、つまり身分が違えば、まったく異なる、まったく違う存在です。その違い方は、いまとはまったく違う。数に還元するということは、ひとびとをまったく同じに、同じひとりとして扱うという、とんでもないことだということを理解しなければなりません。だから、はじめ「人口」と呼ばれ、しだいに「社会」と呼ばれるようになる、まったく新しいひとびとの集まりは、それまでのような比較不能なひとびとの集まり（というか、それでは集められない）ではなく、少なくとも同じように数えられる、何らかの同質性・共通性をもったひとびとの集まりにほかなりません。

　いずれにしても、当時の国家の支配の対象はまだまだ領土であって、そこに生きるひとびとは、領土に含まれるさまざまな資源のひとつに過ぎないのですが、他の資源と並んで、人口あるいは住民 population という資源がどのくらいあるのかを調べようとする。これが国家 state の学という意味の統計学 statistics の始まりです。ここではじめて、領土のなかに住み、活動するひとびとがひとつの集まり（人口あるいは住民）としてとらえられていくわけです。

　これまでは、いわば「中間団体」のベールに包まれていたひとびとが、個人あるいは世帯としてむき出しにされ、とりあえずはそうした個人や世帯の集まり＝人口として（国家の統治のまなざしのなかで）とらえられていきます。そしてしだいにひとびとは現実に、国家が可能にしつつあった、均質で、開放的で、透明で見通しのよい空間のなかで、活動し関係しコミュニケーションすることができるようになっていきます。もちろんそれは、ひとびとのなかのごく一部、旧支配層を含みますが、とくにブルジョアジーと呼ばれた新しい実業家たちの活動と関係の場であって、農民など、多くのひとびとにとっては直接にかかわりのある現実ではなかった。かれらが好むと好まざるとにかかわらず、こうした空間に引き出され、大量の労働者として「社会」の

なかに現れてくるのは、もう少し先の話になるでしょう。

5 「社会」の自然性／自律性とそれを包囲する国家(統治)の力

　ひとびとの関係と活動の総体、それは人口 population と呼ばれていましたが、18世紀になると、明確に「社会 société（仏）society（英）」と呼ばれるようになっていきます（フーコー 2007：403）。まさに国家の範囲と重なり合うような、ひとびとの集まりの全体が「社会」という名とともに、はじめてその姿を現わしてきます。国家から見れば、それはまさに国家が統治する対象であり、それがひとつのまとまりをもった全体であるのは、国家が統治しているからです。それを抜きにしては「社会」は存立しえない。しかし当の「社会」の側から見れば、かならずしもそうではありません —— それは国家による統治のたんなる対応物には還元されない何ものかです。「社会」それ自身が、自然で、自律的に秩序を可能にする存在であるということを主張し始めたのは、18世紀の政治経済学者たち、とりわけ「スコットランド啓蒙主義」に属するアダム・ファーガスン Adam Ferguson (1723-1816) であり、そしてアダム・スミス Adam Smith (1723-1790) でした。スミスは、市場メカニズム（需要と供給が価格の均衡をつくりだすメカニズム）にもとづいた「自然な秩序」のことを、はじめは「商業社会 commercial society」と呼び、やがてただの「社会」と呼ぶようになります。かれは、トマス・ホッブズ以来の「契約論」が説いた、国家という共通の権力にもとづいた秩序とは異なる、「自然な」秩序化のメカニズムがあることを明らかにしたのです。市場こそが、「社会」のベースにある（スミス 2010, 植村 2010）。

　だとすると、「社会」は市場メカニズムにもとづいて自律的に作動するのだから、国家が、直接的にこの自律的な秩序に介入し統制しよ

うとしてもうまくいかない。そういう意味で、「社会」は国家と対立します。たとえば有名なのは小麦の不作による食糧難です（フーコー 2007：37-67, 423-440）。小麦が足りないのだから、小麦粉の値段は高騰する。それ自体は、市場メカニズムのはたらきです。で、小麦粉の値段が高過ぎて、ひとびとは小麦粉を買えず、飢餓がひろがる。国家／政府が動きだします。市場メカニズムにまかせるから、値段が高騰して、ひとびとが小麦粉を買えなくなる。いまは緊急事態なのだから、市場メカニズムにまかせずに、政府が価格を統制すればよいではないか。政府が価格を定め、それより高い値札は許さない。「あー、よかった。これで小麦粉が買える。飢えなくて済む」。そう思って小麦粉を買いに行ったひとびとは、店頭を見てびっくりというか、がっくりするはずです。たしかに値札は安い、しかし……、品物がありません。あたりまえです——問題は値段ではない、というか品物がないからこそ値段が高いのであって、問題なのは値段ではなく、品物がないということです。そう言われれば、たしかにその通りなのですが、ではいったいどうすればよいのでしょうか。

　政治経済学者は言います——市場メカニズムにまかせればよい、そうすれば問題は自ずから自然に解決すると。「えー」、そんな魔法のようなことがあるのでしょうか。そもそも値段が高くなって小麦粉が買えないのは、市場メカニズムのせいでしょう。それを市場メカニズムにまかせるなんて、まったくナンセンスで話にならない、と思うのが当然。市場メカニズムにまかせたら、いったいどうなると言うのでしょうか。まずは品物がないので、価格は高騰。飢餓がひろがり、被害が出ます。「えっ」と思うかもしれませんが、政治経済学者は冷徹です。たしかに被害は出るが、そのあとどうなるか。価格が高いとなると、諸外国からかならず小麦粉が入ってくるし、不思議なことになかったはずの品物がどこかから出てきたりもする。たしかに市場とは

そういうものです。そうなると、しだいに供給量が増え、値段も落ちついてくる。たしかに一定の被害は出るものの、それはあの価格統制でまったく品物がないときの被害の大きさとは比較にならない。市場メカニズムにまかせることによって、問題は自ずから、その自然な展開のなかで（自由と自然のおかげで）取り消され、解決されるというのです。ひとびとの「自由」な行動と、それによって実現する「社会」の「自然」な秩序こそが、もっとも重要なのだとする「自由主義 liberalism」がここに誕生します。たしかに、何らかの犠牲が出ることをはじめから前提とするのは、現実的であるとはいえ、違和感を覚えるのは当然のことだと思います。しかしかれらにとっての判断基準は、被害の相対的な少なさにあるということ、かれらが見ているのはあくまで全体でしかないということは、きわめて重要なポイントだと言えます。

　以上のように、たしかに「社会」は、自らの「自然な」秩序（市場メカニズム）を根拠にして、国家と対立はしますが、もちろんことはそう単純ではありません。なぜなら、その「自然な」秩序（市場メカニズム）は、「自然」だからといって、何もせずに放置しておけばよいといった類のものではまったくないからです。それが「自然」に、つまり正常にはたらくためには、さまざまな条件整備が必要であり、日頃のメインテナンスが必要であることは言うまでもありません。たとえば、商品の流通がスムーズでなければ市場は正常に機能しませんし、そもそも市場で相手をだましたり、あるいは何か不当な圧力をかけるような行動を排除しなければ、やはり市場は正常に機能しないでしょう。そうなれば、もはや「自然」性は保たれない。「自然」と呼ばれるものの多くは、それを引き出したり、保護したり、支援したりする外的な力と相関してはじめてあらわれる何ものかです。けっして「自然性のイデオロギー」(p.30) が想定するような、何か無条件な「自然性」

があるというわけではありません。だから「自然」はときに都合よく捏造されたり、利用されることがあるので、注意しなければなりません。

　そういうわけで、市場メカニズムという「自然な」秩序は、それを引き出したり、保護したり、支援したりする外的な力、まさに国家（統治）の力なくして、自らを維持することはできません。よく考えてみれば、すでに見た「ポリス」と呼ばれた行政施策の全体が目指していたのは、市場メカニズムを核とした、ひとびとの関係と活動の総体、つまり「社会」から「自然な」力を引き出し、保護し、支援することによって、それを国力の増強に利用しようとしていたのでした。たしかに国家の直接的で性急な介入はうまくいかなかったけれど、だからといって国家は「社会」の統治をあきらめたわけではありません。ただ、やり方が変わっただけです。このような関係のあり方そのものが否定されたわけではありません。

　国家と「社会」は、いっけん異なる焦点をもった領域として分化していくように見えますが、むしろ事態はまったく逆なのかもしれません。統治の力は、むしろ「社会」を取り囲み、「社会」に浸透し、いつしか「社会」のなかに充満していったのではないかと思います。いずれにしてもこれ以降、国家と「社会」は、対立を含みつつも、協力関係というか、共犯関係というか、そういう微妙な関係をつくっていったと言えるでしょう（佐藤 2014）。

参考文献
柳父章『翻訳語成立事情』岩波新書（1982）
齋藤毅『明治のことば』講談社学術文庫（2005）
福沢諭吉『学問のすゝめ』岩波文庫（1978）
植村邦彦『市民社会とは何か』平凡社新書（2010）

二宮宏之『全体を見る眼と歴史家たち』平凡社ライブラリー（1995）
フィリップ・アリエス『〈子供〉の誕生』みすず書房（1980）
姫岡とし子『ヨーロッパの家族史』山川出版社（2008）
上野千鶴子『家父長制と資本制』岩波現代文庫（2009）
ミシェル・フーコー『性の歴史Ⅰ 知への意志』新潮社（1986）
―――『安全・領土・人口』筑摩書房（2007）
作田啓一『個人主義の運命』岩波新書（1981）
アダム・スミス『国富論Ⅰ～Ⅳ』中公クラシックス（2010）
佐藤成基『国家の社会学』青弓社（2014）

第4章

「人間」の登場と「社会」の再編
―― 光と影の19世紀 ――

1 「万国博覧会」という鏡

　19世紀のヨーロッパは、現在のわたしたちがよく見知っている「社会」なるものがしだいに明確な姿をあらわしてくる時代です。まずはじめに、19世紀半ばからつづけざまに開催された「万国博覧会」を少しだけのぞいてみることにしましょう。この一大イベントは、当時一気に進んでいた産業革命／工業化、すなわちまったく新しい機械文明の荘厳さをひとびとに見せびらかし、それへの信仰を呼び起こして、ひとびとをこの変動過程に巻き込みながら加速していくような、まったく大仕掛けな祭典だったと思います。そこには、まさに19世紀の「社会」が勢いを増しながら拡大し膨れ上がっていくさまが、みごとに映し出されています。その意味で、「万国博覧会」という場で、いったい何が、どのような仕方で見せびらかされ、それはひとびとに何を語りかけ、誘惑し、そしてひとびとはそれに対してどのように反応し、どのような方向へ向けて突き動かされていったのかを考えることは、「万国博覧会」という鏡に映し出された、当時の「社会」がいったいどのようにして勢いを増し、走り出していったのかを考えることにつながるのではないかと思います。

　1851年にロンドンのハイドパーク Hyde Park で開催された第一回

万国博覧会 the Great Exhibition は、鉄とガラスでつくられた「クリスタルパレス Crystal Palace（水晶宮）」で有名です。そのあと、パリでは 1855 年、1867 年、1878 年、1889 年、1900 年、1937 年と、たてつづけに万国博覧会が開かれます。物議をかもしたエッフェル塔も、1889 年に万博にちなんで建築されました。

博覧会 exhibition（英）exposition（仏）fair（米）なるものは、もともと中世以来の「市 market」やそれと密接に関連する「見せ物 spectacle」の流れをくむものではあることはたしかで、したがってそれが、産業革命による急速な工業化が実現しつつある、急速に豊かさを増す社会の祭典であったことは言うまでもありません。実際に、入場者数を見ても、1851 年第一回のロンドン万博の 600 万人から始まり、1855 年のパリは 520 万人ですが、その後は増加しつづけ、1878 年のパリでは 1,000 万人を超え（1,600 万人）、19 世紀最後の 1900 年のパリでは、4,810 万人に達するという勢いです（吉見 1992：19）。まさしくそれは、産業革命／工業化によって可能になった、壮大な建築物を中心とした、国家を挙げての大掛かりな祭典であり、多くのひとびとがそのなかに吸い込まれていきました。

「クリスタルパレス」という名は、主催者がつけた名前ではありませんでしたが、その名の通り、大量のガラスと鉄骨で組み上げられた、光り輝く 3 階建ての壮麗な宮殿だったようです（図 4-1）。ただ、別の見方をすれば、それは造園家（ジョセフ・パクストン Joseph Paxton 1803-65）の設計による、きわめて短期間にプレハブ工法で建築された、巨大ではあるものの、よく見れば温室というか、せいぜい植物園のようですらある建築物であったと言うこともできるでしょう。たしかに中央の、巨大なアーチ状の屋根をもったトランセプト transept（翼廊）は壮麗ですが、それは、三本の巨大なニレの木を伐採せずに収容するための苦肉の策でしかありませんでした。さらに、そ

第4章 「人間」の登場と「社会」の再編

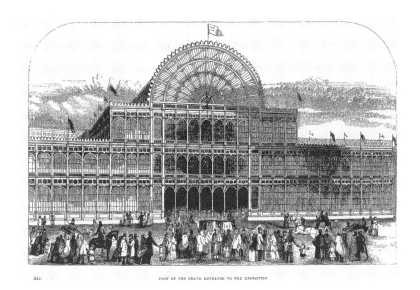

図 4-1　クリスタルパレスの正面
出典：国立国会図書館「博覧会：近代技術の展示場」
https://www.ndl.go.jp/exposition/data/R/005r.html

こから左右というか東西に伸びているのは、きわめて単調で細長い空間であって、規則正しく並んでガラスの壁と屋根を支える鉄骨は、まるで巨大な工場か学校のような、きわめて単調かつ規則的な空間をつくり出しています（図 4-2, 図 4-3）。全面のガラス張りは、言うまでもなく完全に明るく開放的というか、あたりまえですが、人工的で均質さを強調している空間であったと言えると思います。

　内部は、真ん中に通路が走り、その両側に規則正しく区切られた空間が並んでいるのがわかります。計画では、西半分が大英帝国の展示に、東半分が諸外国の展示に割り当てられていたようです。さらに展示物は、原材料部門、機械部門、工業製品部門（のちに織物部門、金属・ガラス製品・陶器部門、雑製品の 3 部門に分割されます）、美術部門に大別されたうえで、それぞれがさらに細かく分けられ、全体は 30 のク

61

図 4-2　クリスタルパレス内部
出典：国立国会図書館「博覧会：近代技術の展示場」
https://www.ndl.go.jp/exposition/data/R/008r.htmll

ラスに部類分けされて、整然と展示しようとしていたようです。実際にはかならずしもうまくはいかなかったようですが、少なくともそのようにしようとしたということはよくわかります。しかもこの分類は、原材料から始まり、それをさまざまに加工していく機械部門、そしてその結果つくり出された製品部門というように、明らかに工業／製造業の流れにそった展開になっていたことがわかります（図4-3）。

　ロンドンでの万国博覧会の大成功に刺激されて、というかもともと19世紀前半にパリでくり返し開催された博覧会に刺激され、それを国際的な規模で展開して大成功したのがロンドン万博だったわけですが、今度はそれが再び刺激となって、フランスに帰ってきます。サン＝シモン主義者たち（とくにシュヴァリエ Michel Chevalier 1806-

第 4 章 「人間」の登場と「社会」の再編

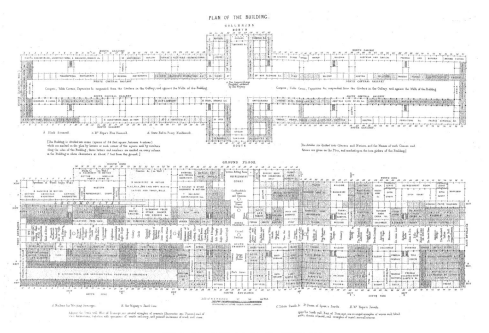

図 4-3　クリスタルパレス平面図
出典：国立国会図書館「博覧会：近代技術の展示場」
https://www.ndl.go.jp/exposition/data/R/051r.html

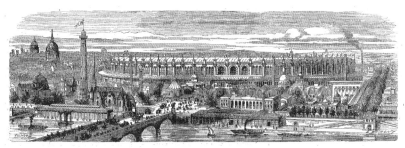

図 4-4　1867 年パリ万博会場（シャン・ド・マルスのパレ）
出典：国立国会図書館「博覧会：近代技術の展示場」
https://www.ndl.go.jp/exposition/data/R/089r.html

79 とル・プレー Frédéric Le Play 1806-82) の理念――資本家と労働者の協同 association による「産業社会」の構想――とナポレオン 3 世の政治的思惑を背景にして、1855 年と 1867 年に、パリで万国博覧会 Exposition Universelle が開催され、さらに 1878 年、1889 年、1900 年、1937 年とくり返し開催されていきます。

とくにパリでの 2 回目となる 1867 年の万国博覧会では、パリ市内のシャン・ド・マルス Champ-de-Mars（軍神マルスの原）に、まるでスタジアムのような、というか大工場のようでもある楕円形の巨大なパレ（宮殿）が出現しました（図 4-4）。かつてロンドンの「クリスタルパレス」のなかで、6 部門 30 クラスに分類されていた展示物たちは、すでに 1855 年の段階で、産業製品と芸術作品に二分されたうえで、産業製品は 7 グループ 30 クラスに再編されていました。しかもそこには、大げさにいえば、世界に存在するあらゆる事物を分類・整理して、あたかも百科全書のような分類の体系をつくり出そうとする、いかにも 18 世紀フランスの知の理想を引き継ぐというか、あるいはサン＝シモン主義的というか、そのような壮大なもくろみがあったと言われています。そういう背景もあって、1867 年には、展示物はあらためて「全産業の完璧な見取り図を……提示する」（ル・プレー）ために、人間の「必要 besoin」――それこそが産業を突き動かしているとされました――に応じて区分されグループ分けされます。人間の「必要」とは、肉体的な「必要」からはじまり、知的な「必要」へと上昇していくものだと考えられ、つまりは食、衣、住、ついで労働（ここに原材料や機械が入ることになります）、文芸教養、そして最後に芸術。実際の区分はややズレがあるものの、展示部門は 7 部門（芸術、文化教養、家具・住居、衣服、原材料、機械、食料品）に分類されたうえで、さらにメイン会場の外部に 3 部門が追加されています。

ここで注目すべきなのは、巨大な楕円形の会場では、展示物がこの

第 4 章 「人間」の登場と「社会」の再編

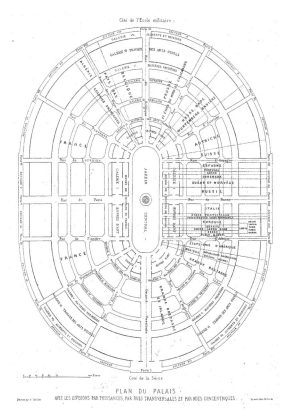

図 4-5　会場の平面図
出典：国立国会図書館「博覧会：近代技術の展示場」
https://www.ndl.go.jp/exposition/data/R/091r.html

分類にしたがって同心円状に区分され（通路で仕切られて）配置されていったということです——つまり一番外側に食料品が、そして一番内側に芸術が、といったように（図4-5）。それに加えて、この同心円状の区分と直角に交わる、中心から放射状に広がる通路で仕切られた区分が重ね合わされます。この放射状の区分は、出品国ごとに割り当てられています——ほぼ半分をフランスに、残りの半分を諸外国に

65

割り当てるというように。

　このようなきわめて規則的で整然とした分類と整理は、たしかに壮大ではあるけれど、やり方としてはとてもあたりまえのものと思うかもしれません。ただしそこには、世界のあらゆる事物を規則的で整然とした秩序にしたがって写し取り、表象するという、きわめて18世紀的、百科全書的、あるいは博物学的な理念が強くはたらいていることに注意しなければなりません。もう少し具体的に言えば、このような規則的で整然とした展示は、博覧会ばかりでなく、動物園、水族館、植物園、さらには博物館や図書館などにも共通していますし、商品の展示という意味では、のちの百貨店や今日のショッピングモールにすらつながっています。つまりここにあったものは、たしかに今日ではあたりまえになっているものの元祖のようなものとでも言えば、当時それがかならずしもあたりまえではなかったし、どこにでもあるものではなかったということが想像できるのではないでしょうか。

　そこに出現したのは、さまざまなものを何らかの基準にしたがって、整然と分類・区分していくことによって現れる、整然とした秩序の空間——混乱した、雑然とした無秩序・混沌ではなく、秩序だった空間です。異なる種類のものが混じり合うような混沌さから、整然とした秩序の空間へという変容がそこにはある。で、じつはそれは（ヨーロッパの）16世紀までの知（識）というか、知（識）によって見えてくる世界のあり方が、17〜18世紀以降に大きく変貌していく姿に対応しているということ、その違いを明らかにしているということに注意しましょう。見通しにくい、混沌とした世界から、分類・整理された、整然とした秩序の世界への変貌です。もっと端的に言えば、わたしたちが第3章で見てきた、さまざまな種類の「共同体」が複雑にからみ合い、見通しにくい、混沌としたプレ「社会」の現実と、少なくとも理念上は、さまざまな種類の「共同体」を貫通して（あるいは身

分や貧富の差にかかわらず)、「個人」という共通する、究極の単位が織りなす、規則正しく均質で見通しやすい「社会」という新しい現実との違いといってもよいのです。

　ところで、1867年のメイン会場の周りを囲むように配置された庭園には、水族館や温室や鳥類園ばかりでなく、各国が独自のパビリオンを建設し、それぞれの文化や生活を展示する場ともなったことは注目しておかなければなりません。それは「植民地展示」という問題と関係するからです。この問題は、もともと1851年の第一回ロンドン万国博覧会で大英帝国に属する植民地の物産などを展示したところから来ています。それが1855年パリ、そして1867年パリと、大きく拡大し、1867年のパビリオンのなかには、多くの植民地展示が含まれていました。さらに1878年のパリ万博では、植民地展示が一箇所に集められ、ひとつの部門となるほどでした。そして、1889年のパリ万博では、このような植民地展示が拡大するとともに、植民地(セネガル、コンゴ、ニューカレドニア、ジャワなど)の多数の住民を連行し、柵で囲われたなかで生活させて、そのようすを展示するという、いわゆる「人間の展示」なるおぞましい愚行が登場することになります。それ以降、帝国主義による植民地侵略の拡大もあり、このようなあからさまな人種主義的な展示が、くり返されていきます。それは欧米諸国だけではなく、日本の国内博覧会でも行われ、問題となっています(1903年に大阪で開催された第5回内国勧業博覧会での「学術人類館」事件)。

　ここに現れているのは、明らかに19世紀から20世紀にかけての帝国主義と植民地支配、すなわち侵略戦争と世界の分割という狂気の時代とパラレルなものです。ひとびとはまさにこのような人種主義を通して、その流れのなかに巻き込まれていくというか、あるいは自らそこへと飛び込んでいくことになります。なおこの問題は、第5章の「2『生−権力』とその帰結」で再び取り上げることにします。

2　博物学的な思考の成立と解体 ――「人間」の誕生へ

　万国博覧会という一大イベントのなかで、18世紀的で博物学的な知／思考が強くはたらいていたことはすでに見た通りです。ミシェル・フーコーによれば、(17世紀中頃から) 18世紀的な知／思考の典型は、「博物学 natural history」と呼ばれる、いまから見ると、ある種独特な知の様式です(フーコー 1974)。この場合の history は「歴史」ではなく「記述する describe」という意味なので、それは自然の記述、つまり自然の（生き）ものを一定の基準 ―― あのカール・フォン・リンネ Carl von Linné (1707-78) によれば、その基準は「数、形、比率、位置」だとされます ―― にしたがって記述し、写し取り、それらを共通性と異質性にもとづいて分類しようとします。そういう均質な平面というか尺度というか、台座のうえにさまざまなものたちは回収され、秩序づけられることになります。このような知の様式は、今日から見れば、しごくあたりまえで、とても「ある種独特」には見えないかもしれませんが、けっしてそうではありません。

　フーコーは、16世紀（まで）、世界の諸要素は「類似」によって響き合い、複雑で見通しがたく結びつき、相互にからまり合っていたと述べています。しかもその「類似」は、隠されてはいるけれど、さまざまな外徴によってそれがわかるようになっている ―― たとえば、眼病の薬であるトリカブトは、その種子がまるで目のような色と形をしていたり、太陽とひまわりの花は、その外徴（その色と形）からひきつけ合うことがわかる、など。ここで重要なことは、「ことば」もまた、これらの「もの」と同じ水準にあって、「ことば」どうしの関係(＝文法)も、あるいは「ことば」と「もの」の関係も、「類似」によって結びつくと考えられていたということです。つまり「ことば」が「もの」と結

びつくのは、太陽とひまわりの花が類似するのと同じなのです。ここでは「ことば」は「もの」であり、「もの」は「ことば」であるということ、両者は同じ層に属しています。この層のなかで、「ことば」と「もの」はからまり合い、つながり合っている。知／思考とは、そのようなつながりを解読していくことにほかなりません。

　17世紀を経て18世紀になると、「ことば」は「もの」の世界からいわば離陸していきます——「ことば」は、もはや類似によって「もの」と結びつくのではなく、純粋に「記号」として「もの」の代わりをする、つまり「もの」を「表象する」represent ようになります。「ことば」は、純粋な「表象 representation」とみなされるようになります。「貨幣 money」もまたまったく同様に、それ自体が商品でもあり価値をもつと考えられていた時代（16世紀から17世紀）とは異なり、商品世界から離陸して、交換価値の純粋な「表象」として、商品の交換を媒介する（だけの）ものと考えられるようになります。

　世界は、もはや「ことば」と「もの」が類似によって混じり合った、解読を必要とする、見通しがたい世界ではなく、表象という滑らかな表面というか均質な空間へと写し出され、すべての「もの」が比較可能にされることによって、そこにきわめて秩序だった「もの」の世界が現れてきます。「もの」の世界の秩序は、表象という均質な空間を前提にしてはじめて可能になっているにもかかわらず、それはもはや「もの」それ自体の秩序として現れます。表象の助けによっているにもかかわらず、それは忘れ去られて表象は透明になります。あたかも「もの」同士が直接に語り合うことができるようになったかのように見えてくる。しかもそれは、かつてのように隠された外徴を通して内密に語り合うのではなく、白日のもとで、公然と語り合うのです。

　貨幣は、商品の交換価値を表象することによって、商品世界の秩序を可能にし、値札を通して、その秩序をだれにでも一目でわかるよう

にしています。しかしわたしたちが目にするのは、商品世界そのものの秩序であって、それを貨幣が可能にしているということは見えなくなる——あたかもわたしたちが円滑にコミュニケーションをしているときに、「ことば」は透明で、余計なものとなってしまうように。「ことば」や貨幣という「表象」は、いわば「もの」の世界から離陸し、排除され、「もの」の世界の外部に出ることによって、「もの」の世界を可能にする、不可視であるとともに、なにか超越的な存在（神や王のような）であるかのようにふるまうことになります。

　「ことば」（や貨幣）は本来、世界の構成要素であり、世界の一部です。その意味では、16世紀までの認識はまったく正しいはずです。ところがいまや、「ことば」（や貨幣）は世界を記述し表象する透明な媒体と化し、あたかも世界の外側にあって、世界を写している。「ことば」（や貨幣）はただたんに、世界を写しとっているかのように現れるというか、現れすらしないと言ってもよいかもしれません。それは透明な媒体であり、そこに現れているのは、「もの」の世界そのものにほかならないからです。だから、その意味ではこのような18世紀的な見方には明らかに無理があって、それは19世紀になるとしだいに破綻していくのですが、いま問題なのは、このような見方が何をもたらしたのかということです。それは「もの」の世界というか、世界そのものが、きわめて秩序立っているかのように見せてくれます。奇妙な言い方ですが、それは「もの」そのものの秩序ではなく、それを記述し表象していることばの側、ことばのシステムが「もの」たちを分類・整理したから生じた秩序だったはずなのです——それはわたしたちが第2章で見た通りです。でもそのことは隠されてしまいます。あたかも「もの」の世界はそれ自体で秩序立っているように見える。だから博物学は、まさにその秩序を「発見」していくことになります。

第 4 章　「人間」の登場と「社会」の再編

　博物学は、「もの」の世界を記述することで、「もの」の世界の秩序を見せてくれる。「もの」の世界はもはや謎めいた類似によってつながる、いちいち解読しなければならないような、複雑で見通しがたい、濃淡のある世界ではなく、きわめて秩序だった均質で一様な世界として現れます。「ことば」は、「もの」の世界を記述することで、名前と関係を与え、膨大な世界は理解可能性を獲得する。貨幣もまた、膨大な商品の集まりに秩序を与えてくれる ── 膨大な商品が価格によって比較可能になるからです。現代ではあたりまえなのですが、これはまったくとてつもないことなのだと言わざるをえません。ともかく均質で一様な集まりというものができるということであって、じつはこれは「社会」が誕生するということと密接につながっている。すでに述べたように、見通しがたい共同体の連鎖としてのプレ「社会」の現実が、個人を単位とする均質で一様な集まりへと変容すること、これこそが「社会」の誕生であったからです。

　「ことば」(や貨幣)は、本来「もの」の世界の一部であるにもかかわらず、あたかもその外部にある特権的、超越的な場所から世界を記述し、それによって世界を秩序づけるかのようにふるまいました。しかしその無理がたたって、19世紀になると「もの」の秩序、あるいはひとびとの活動と関係の総体としての「社会」の秩序はひび割れし、そのすき間から別のものが顔を出してきます。

　この点を理解するためには、経済学がとてもわかりやすい。たしかに貨幣は、商品の交換価値の尺度であり、それによってあらゆる商品の価値は比較可能になる。しかし、では貨幣が表象している、この交換価値とは何なのか。アダム・スミス以来、それは「労働」なのですが(「労働価値説」)、やはりそこにあるのは、のちにデヴィッド・リカード David Ricardo (1772-1823) が明らかにしたような「あらゆる価値の源泉」としての「労働」ではありません。だからアダム・スミスには

「交換価値」の概念はあっても、「価値」の概念はない。リカードは、あらゆる商品の価値の尺度として、交換可能な商品としての労働と、生産過程で価値を生み出す労働をはっきりと区別します。この区別をもとにして（「労働力」の二重性）、やがてカール・マルクス Karl Marx (1818-83) は、資本制社会での「剰余価値」生成のメカニズムを明らかにしていくはずです（田中 2021 第 2 章を参照）。いずれにしてもリカードは、商品世界の横の秩序と垂直に交わる、「人間」の労働というものを、そのような秩序を可能あるいは不可能にしているものとして見い出していきます。そこに「人間」の労働を導入したのです。「もの」の世界に秩序を与えるのは、もはや表象ではなく「人間」なのです。あるいは表象に力を与えているのは「人間」だと言ってもよいかもしれません。「ことば」もまた同様でした。ことばもまた、表象されるものの側から表象する側、つまりそれを話す「人間」の側に引き寄せられていきます。「人間」の意味作用という問題が前面に出てきます。

　したがって、ここで登場してくる「人間」は、何か普遍的、理念的というか、そういう表象としての「人間」ではもはやありません。そうではなくて、経験的で、具体的で、有限な、身体 corps（仏）body（英）をもった「人間」、わたしたちひとりひとりの「個（人）」として、あるいは群れとしての「人間」です。わたしたちひとりひとりの（価値をつくり出す）労働、ことばに吹き込む意味作用そして身体の生命活動が世界の秩序の割れ目からあふれてきます。表象を通した「もの」の世界の秩序、その自律性がいまや新しく登場した「人間」たち、つぎつぎとその世界に参入していく大量の、そして多様な「人間」たちによって、いわばばらばらに解体されていきます。19 世紀に歴史の表面に登場してくる、まったく普通のたくさんのひとびとの群れ、都市にあふれるひとびと、そして労働者たち、かれらの力こそが、拡大し増大する「社会」と、そして「国家」を支え動かす主体です。したがっ

第 4 章　「人間」の登場と「社会」の再編

てかれらをそのような主体たらしめようとする「社会」や「国家」の力もまた、それと同様にどんどんとせり上がってきます。「人間」は、はたらきかける主体であると同時に、はたらきかけられる対象でもあるのです。

　まずは、ミシェル・フーコーが「規律 discipline」と呼んだ独特の力が「社会」のなかに張り巡らされ、そして充満していきます。それはひとびとを単純に抑圧したり、強制したりする力ではありません。むしろそれは、ひとりひとり（の身体）の「自然な（能）力」を引き出し、増大させ、ひとびとを「主体」化しつつ同時に対象として利用しようとする、だいぶ屈折した力です。それと同時に、ひとりひとりに対してではなく、全体としてのひとびとの集まり＝人口／社会の水準でも、「自然」なあり方（たとえば、病気や犯罪が急に増えていないか）、「自然」な作動（たとえば、市場メカニズムは正常に作動しているか）ということが配慮されるようになります。ひとりひとりのレベルとひとびと全体のレベル、19 世紀以降に歴史の表面、あるいは「社会」の内部にあふれ出してきた、具体的で、有限な、身体をもった「人間」とその群れは、この二つのレベルではたらく力によって満たされ、それを内部に取り込むことによって、それまでの「社会」とは異なるものとして再編され、組織化されていったのです（フーコー 1977, 2007a, 2007b）。

　ここに見てとれるのは、「自然性のイデオロギー」（p.30）にもとづいて、膨大な量の「人間」とその群れについての「自然な力」を知り、開発し、増大させ、そして利用していこうとする、まったく大がかりな変容が起こり始めたということです。たぶんそれが全面的に展開していくのは、20 世紀を迎えてからになるでしょう。

3 「悪魔のひき臼」——市場の拡大と「社会」の再編

　19世紀の資本主義経済の急速な拡大、カール・ポランニー Karl Polanyi（1886-1964）は、この時代を「悪魔のひき臼 Satanic Mills」という、18世紀の詩人ウィリアム・ブレイク William Blake（1757-1827）のことばをつかって特徴づけています（ポランニー 2009）。意外なことにこのことばは、もとのブレイクの詩（『エルサレム Jerusalem』1804）が曲をつけられて愛国歌になっているので、耳にすることがあるかもしれません。たとえば、ロンドンオリンピック（2012年）のオープニングセレモニーでも、この歌とともに、牧歌的な田園風景と羊飼いたちが現れ、それが煙突に囲まれた工場の風景＝「悪魔の工場 Satanic Mills」に変わっていくさまが、英国の歴史の一部として描かれていました（図4-6, 4-7）。

　ただし、ポランニーがこのことばでたとえているのは、「悪魔の工場」とは少し違います。かれが考えているのは、伝統的な組織や制度のなかで生きてきた人間たちを、資本主義的市場経済のなかに投げ込み、それまでの生活の基盤であった相互的関係を破壊して、ばらばらな賃金労働者にしていく（まさに粉々に挽いていく）プロセスにほかなりません。それはひとつひとつの工場を指しているのではなくて、ひとびとが市場経済という「悪魔のひき臼」のなかに投げ込まれ、それまでの生活を破壊されて、ばらばらに「挽かれていく」ということです。それによって、大量の賃金労働者（プロレタリアート）が歴史に姿を現します。かれらの多くは、劣悪な住環境のなかで生活し、低賃金で長時間の労働につかなければなりません。かつての共同体にもとづいた人間関係もしだいに失われ、ばらばらにされた賃金労働者の状況は、豊かさや華やかさの影で、貧しさや過酷さが確実に広がっていっ

第 4 章　「人間」の登場と「社会」の再編

図 4-6　ロンドンオリンピック開会式セレモニー（1）
出典：Matt Lancashire - Flickr: P7252638
https://www.flickr.com/photos/64781900@N00/7658495182

図 4-7　ロンドンオリンピック開会式セレモニー（2）
出典：Matt Lancashire - Flickr: P7252685
https://www.flickr.com/photos/64781900@N00/7658504852

たことを示しています。

　イギリスでは、1601 年の「エリザベス救貧法 Elizabethan Poor Law」以来の長きにわたる貧困対策の歴史があります。そうしたなかで、18 世紀後半から 19 世紀になると、産業革命／工業化の進行とともに、農村では農業の集約化・資本主義化が進み（第 2 次「囲い込み enclosure」）、都市では紡績業の発展、そして機械工業や重工業の発展という大きな変動によって、賃金労働者が急増し、土地や貨幣につづいていよいよ労働（力）が商品化され、全国規模での労働市場の形成が不可避となっていきます。

　それに対して、18 世紀の末（1795 年）にとられた対応は、何とも両義的なものでした。一方では、それまでの「定住法」（1662 年）を緩和して、移動の可能性を広げます。移動の可能性がなければ、「自由で競争的な」労働市場は成り立たないからです。しかしながら、もともと救貧法がもっとも恐れていたのは、ひとびとが生まれ育った教区を離れて「浮浪者」になることだったわけで、移動の可能性を広げることは、きわめて危険なことでした。そこで、まったく同じ年に、保護主義的な政策がとられます。いわゆる「スピーナムランド制 Speenhamland System」（あるいは「賃金補助手当 allowances in aid of wages 制」）と呼ばれる政策です。それは、簡単に言えば、賃金補助によって、労働者の最低所得を保障しようとするものです。パンの価格と家族数によって世帯の最低必要生活費を算定し、実際の所得がこの額に達しない場合には、不足分を公的救済として補助することになりました（大沢 1986：52）。たしかにそれがあれば、労働者が貧困に陥るのを防止することができるように思えます。

　しかしほどなく「スピーナムランド制」は非難の大合唱のなか、破綻していきます。どうしてか。雇用主は救貧法による所得保障があるので、賃金をいくらでも下げることができたし、実際にそうしました

（労働市場の確立どころではありません）。それに応じて労働者の労働生産性や勤労意欲もまた著しく低下していきます。もはや救貧税の負担だけが上昇することになってしまったと言われています。少なくとも労働市場の確立を説く自由主義者たちから見れば、スピーナムランド制は、健全な賃金労働者を生み出すというよりも、救貧法に依存する大量の「貧民 the pauper」を生み出してしまったとされます。そうしたなかで、1834 年に救貧法の改正が行われ（これ以降の救貧法は「新救貧法」と呼ばれています）、スピーナムランド制は廃止されることになります。今度は、「ワークハウス Workhouse」（いわゆる「救貧院」の一種で、労働能力のある者を収容した）以外での救済（スピーナムランド制のような所得補助）はいっさい禁止されます。こうしてこれまでとはまったく正反対の状況、つまり労働者の賃金は、完全に「自由で競争的な」とされる労働市場で決まるという、自由主義者たちの時代へと急展開していきます。

　たしかに「ワークハウス」での救済は不可能ではないにしても、そこでの処遇はきわめて酷いものでした（「劣等処遇原則」）。ひとびとは何としても労働市場にとどまり、どんなにきびしい労働条件であっても、自立して、そこで生きていかなければならないという状況に追い込まれていきます。かれらは「ワークハウス」に閉じ込められるかわりに、まさに開かれた「労働市場」に閉じ込められたのです（小幡 2023：238）。

　いずれにしても、まったく新しい種類のひとびと、労働者階級がいよいよ「社会」のなかに登場してきます。おもにブルジョアジーたちの自由な活動の総体から成り、したがって市場によって自律的に秩序が生み出されていた「社会」は、たしかに商品の交換価値を表象するものとしての「労働」を含んではいたものの、いまやそのすき間から、具体的な労働と大量の労働者たちが姿を現します。かれらは自ら

が「社会」の一部というか、あるいは「社会」そのものであると主張しだしていきます。「社会」を支える自律的な秩序である市場、そのひとつである労働市場のなかで、自らの運命が翻弄（ほんろう）される（低賃金と失業）、そういう大量のひとびとが「社会」の内部に宿っていくことになります。市場の秩序こそが、ものごとの自然で正しい秩序であるとみなしてきたブルジョアジーたちとは異なり、労働者たちにとって市場の自然な秩序にもとづく「社会」は、いやおうなく自分たちがそのなかに投げ出され、そこで自分たちの運命が翻弄（ほんろう）されていく、そういう場にほかならないのです。かれらにとって「社会」は、自分たち自身の場であると同時に、自分たち自身の場ではない何ものかだと言ってもよいかもしれません。

　イギリスでは、労働者保護立法である工場法 factory acts は、1802年の「徒弟健康風紀法」にまでさかのぼり、それ以降たびたび制定されたものの、業種が限られていたり、あるいは実効性の乏しいものでした。そこで1833年（つまり前述の救貧法改正とほぼ同時）に、業種を限定せず、かつ実効性を担保するために工場監察官制度を創設するなどした「一般工場法」が制定されます。そこでは9歳未満の児童労働が禁止され、13歳未満の児童は労働時間が週48時間（8時間×6日）、18歳未満の年少者は週72時間（12時間×6日）に制限されました（現代から見れば、それでもほぼ虐待に近い労働時間に思えますが、現代ではその代わりに、学校や塾などに長時間拘束されていると考えることができるかもしれません）。工場監察官には、工場への立ち入り権や規則の制定権などの権限が与えられました。当初、保護対象は児童および年少者に限られていましたが、1844年法では、成人女性が規制の枠に加えられました。そこでは、成人婦人の労働時間は、年少者（18歳未満）のそれと同じ1日12時間に制限され、さらに1847年法では10時間に制限されるようになりました。

第 4 章　「人間」の登場と「社会」の再編

　以上のように、労働者保護政策は、児童および年少者から成人女性へと拡大していきました。ただ、少なくとも結果的には、低賃金で働いていた子どもと成人女性を労働市場から締め出し、それぞれを家庭（家族）と学校という（労働の場とは）別の場所——それらはいずれ、職場（企業）とならぶ近代的な「中間集団」の中核となっていくもの——へと定着させることによって、男性労働者の雇用と賃金を守ることになったのではないかと言われています（上野 1990：177ff.）。つまり、一方には成人男性労働者によってほぼ独占されたに等しい労働市場と労働の場（職場）があり、他方、いわばその裏側に、労働市場と職場から排除された女性と子どもたちの世界（家族と学校）がある。20 世紀にわたしたちがあたりまえに目にすることになる、ジェンダーと年齢にもとづいた二重構造が形成されたということです。ひとびとの集まりをばらばらにしていく「悪魔のひき臼」に対するささやかな反動というか、あるいはむしろそれを補完するものとして、個人と全体（社会）を「媒介」する近代的な中間集団である、家族、学校、そして職場（労働組合を含む）が組織化され、それにもとづいて「社会」が再編されていくことになります。

　ただ、もともとイギリスでは、（17 世紀以降は）核家族の比率が高く、家族の扶助機能は弱いものだったようです。子どもは早くから（遅くとも 14 歳くらいまでに）親元より少し豊かな他の家族のもとで徒弟や奉公人として働き（7 年から 10 年くらい）、そのあとで独立して新しい家族をつくるというのが基本であったとされています。その意味で、もともと年少者や高齢者に対する保護機能が弱く、そのことが 17 世紀から救貧法が必要になった理由のひとつだとさえ言われています（川北 2010：26-34）。もともと家族の自立性が低かったので、1834 年の新救貧法によって、それまでのスピーナムランド制の賃金補助がなくなるのは家計にとっては痛手です。したがって、子どもや

女性の低賃金労働は、資本家にとってなくてはならないものであったばかりでなく、労働者家族の家計にとっても貴重な収入源であったと言わざるをえません。ですから、新救貧法による賃金補助の廃止や、工場法による子どもや女性の労働への規制が最終的に目標としていたのは、家族の［経済的な］自立 independence（もちろんそれが女性の家庭への閉じ込めと奉仕と引き換えであったことを忘れてはいけません）であったと考えられますが、それはけっして一筋縄ではいかなかったようです（吉田 2003）。

　19 世紀末から 20 世紀にかけてようやく、ブルジョアジーたちに広がっていた、エリザベス朝時代の家族主義イデオロギー ―― すなわち男性中心で女性は妻そして母として家庭を守るという性別役割分業のイデオロギー ―― が労働者たちにも浸透し始めます。それによって、いわゆる「近代家族」なるものが、労働者階級をも含めて成立していくことになります。20 世紀の「社会」のベースとなる「近代家族」、それは女性たちを家族のなかに閉じ込めることによってはじめて可能になったのです。もうひとつ忘れてはならないのは、子どもたちを工場から学校という新たに組織化されていく制度・集団へと送り込んでいった（閉じ込めていった）ということです。子どもたちは、それまでのように工場で働くのではなく（それはたしかに保護的ではあるのですが）、学校で勉強することによって、大人になってから行われる労働のための準備という無償の労働（シャドーワーク）にひたすらはげんでいくことになります。女性は、夫と子どもそして時には高齢者に対するさまざまなケアと配慮を含めた家事労働（シャドーワーク）を専属で行うようになっていきます。男性は、稼ぎ手として、どんなに少なくとも、妻と子どもの分も稼ぐというかたちになっていきます。性別役割分業が制度化されるのは、まさにこの近代の時代のなかでなのです。

このようにして、男性は工場（職場／労働組合）、女性は家庭（家族）、そして子どもは学校というかたちで、（かつての「中間団体」とはまったく異なる）近代的な「中間集団 intermediate group」が組織化されていきます。それによって、ばらばらな個人（労働者）へと分解され、「ひき臼で粉々にされた」全体（社会）は、かろうじてひとびとの秩序だった組織を維持していくことになります。ひとびとの集まりを個人へと分解し、そうした個人から構成される（全体）「社会」は、やはり全体と個人の中間に、この両者を結びつけ「媒介」していくために、中間集団という、いわば構造的な装置を組織化する必要があったということでしょう。

　したがって「社会」ということば／概念は、一方で、ひとびとの（名も知れぬ）集合態、その全体性・総体性を指すとともに、他方で、（個人の相互的な関係から成る）中間集団とそれを通した（全体と個人の）「媒介」という、構造的かつ機能的な動態をも指すことになります。それをここでは「媒介としての社会」と名づけておきましょう。

　もちろん全体と個人の「媒介」という表現はあいまいで、実態としてみれば、たんに全体社会の要求あるいは統治の圧力（端的にそれは労働であり、あるいは家庭や学校でのシャドーワークである）が「中間集団」をいわば中継点として、個人に課されているに過ぎないというのは、たぶん事実だと思います。ただ、それにもかかわらず、それが媒介であり中継であるかぎり、個人はそうした要求や圧力から一定の距離をとることができるのも事実で、たとえネガティブなかたちにせよ、そこに社会の要求や圧力に完全には取り込まれない自由の可能性が生じることも忘れるべきではありません。

　そういうわけで、19世紀末以降に新しい学問として制度化されていく「社会学」がおもに取り組んでいくことになる研究対象は、家族、学校、企業／労働組合、宗教組織、政治組織など、（個人の相互的な関

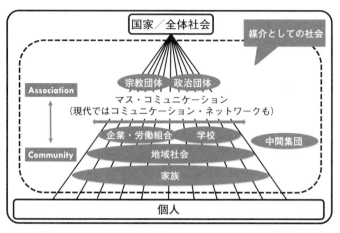

図 4-8　媒介としての社会のイメージ

係から成る）中間集団とそれを通した（全体と個人の）「媒介」という、構造的かつ機能的な動態であり（20世紀にはマス・コミュニケーションがこの「媒介」に加わることになります）、まさに「媒介としての社会」であったということができるでしょう（図4-8）。

4　社会問題への対応 —— 規律化と保険社会

　19世紀のフランスに目を向けてみると、特徴的なのは、急激な都市化（パリへの人口集中）と、確実に進んでいく資本主義化（工業の大規模化）であり、それにともなって、パリを中心とした貧困問題、衛生や疾病の問題、失業問題、犯罪などの治安問題など、いわゆる「社会(的)問題」が解決を要する喫緊の課題として浮上していました。とくに1830年代にあらわれた大貧困は、工業化／資本主義化という、すべてのひとびとを巻き込んでいく全体の運動にともなって、集合的かつ全体的に、すなわちすべてのひとびとにおそいかかっている運命

であるということを示すものでした。言い換えれば、ここで起こっているのは、工業化／資本主義化によって、ひとびとが伝統的な中間団体（地縁的な共同体や都市における職能的共同体など）にもとづいた「近接性にもとづく保護」（カステル 2012：14）から切り離されて孤立化し、脆弱な諸個人へと分解していったという、集合的・全体的な変容です。とりわけフランスでは、フランス革命によって中間団体を徹底的に解体し（たしかにおもな標的は同業組合であったにせよ）、国家と個人への二極化が急速に進んだということが背景にあります。

このような社会問題に対して、どのような対応がとられてきたのか、それを簡潔に見ておきたいと思います（田中 2006, 阪上 1999, 重田 2010, 田中 2014）。ここでは、二つの方法あるいは戦略を見てとることができます。まず第一の方法あるいは戦略は、いわば「規律化の戦略」とでも呼べるようなものであって、貧困の原因をひとびとの「道徳」の問題としてとらえ、「道徳」の改善を目指す方法あるいは戦略です。貧困の解決のためには、「道徳」の改善が必要であるという主張は、たしかにいっけん古臭くみえる主張ですし、実際に前時代的なものであるとみなすこともできます。というのも、アンシャン・レジーム期においても、貧困の原因として、怠惰・不摂生・悪徳などといった「道徳的」問題が、まずもって取り上げられていたからです。貧困問題とは、結果としての貧困ばかりではなく、そこに至ってしまうひとりひとりの「道徳」、つまりは生活習慣・生活様式の問題であり、その改善が必要であると考えられたわけです。

ただし、そのような問題が、いまや個人的に見られる現象ではなくて、社会全体に対して生じているということがポイントです。たまたま「道徳的」な問題を抱えたひとびとが、新しい「社会」、新しい生産様式のなかで求められる生活習慣・生活様式に適応できずに、結果として失業して貧困に陥るというのではありません。社会全体のすべて

のひとびとが、そのような状況に陥っているのであって、したがってすべてのひとびとが、新しい「道徳」に適応する必要があるということです。だからまさに学校のように、道徳の改善はすべてのひとびとに必要とされ、すべてのひとびとに課された課題となったのです。

　かつて、貧困者は病人や犯罪者などと明確に分離されず、施療院、慈善院、救済院など、さまざまな施設に監禁されていた時代がありました。たぶんそれは、ひとびとの生き、活動する空間が、均質な空間へと変化していくなかで、そこにうまく当てはまらないひとびとが（現代から考えれば、その理由はいくつかに分けられるはずなのですが）一緒にされて、均質なひとびとの集まりから排除されていたのだと思います。それが19世紀になると、それぞれの事情に応じて（病人は病院に、犯罪者は監獄に、そしてずっとあとの20世紀の中頃になると高齢者は老人ホームへ）対処され処遇されるように変化していきます。ただ、少なくとも貧困という問題、とくに道徳の改善という問題を解決する場は、そのための特別な監禁施設が新たにできたというわけではありません。というのもそうした問題は、具体的には家族や学校や工場（企業）などの場で、「社会」のすべてのひとびとが取り組まなければならない課題となったからです。たしかにこれらの場は、ある意味で新たな監禁施設とも言えますが、そうだとするなら、まさに「社会」の全域が、ひとびとを監禁する場となったということにほかなりません。貧困問題が社会の問題となり、それを道徳の改善によって取り組むとは、要するにそのようなことです。

　いまや、すべての労働者が、まったく新しい生活様式・行動様式に適応しなければなりません。社会のあらゆる場、家庭、学校そして工場などすべてが、そうした新しい生活様式・行動様式を身につけ、身体に染み込ませていくための場であるということになります。まさにそれは、諸個人が求められる行動を「自然に」できる能力を身につけ、

主体的に行動するようになる「規律社会」の誕生と言ってもよいでしょう。

　第二の方法あるいは戦略は、19世紀の後半のフランスで、のちに首相となるレオン・ブルジョア Léon Bourgeois（1851-1925）に代表される「連帯主義」の政治思想にもとづきながら、それと同時に、当時急速に受け入れられ始めた統計的な知を支えとして展開されたものです。もう少し具体的に言えば、「社会」に「セキュリティ装置」として、さまざまなリスク（失業、病気など）に対処する「保険 assurance」を組み込むことによって、生（活）の安全を保障していこうとするものです。

　19世紀も半ばになるとフランスでは、労働者階級が団結と闘争を強めていきます。それが頂点に達したのが1848年の二月革命で、臨時政府が樹立されますが、社会主義勢力は普通選挙に敗れます。その後、第二帝政（ナポレオン3世）を経て、第三共和政へと移行しますが、社会主義／労働組合運動の高まり（1871年の「パリ・コミューン」）とともに、保守派の抵抗もあり、政情は不安定なまま。そうしたなかで共和派の中心となったブルジョアは、自由主義と社会主義、個人の自由と社会的連帯、そして資本家階級と労働者階級に分断された全体を、「連帯主義」の思想を掲げて、ひとつの全体として統合しようとします。ちなみに、エミール・デュルケームが『社会分業論』で展開した「有機的連帯」という理念もまた、こうした時代と思想に密接に関係していました。

　ブルジョアが主張する「連帯主義 solidarisme」は、個人の自由な意志と契約によって社会を構成することができるという主張を拒否。それは、デュルケームが契約にはかならず非契約的な（つまり契約にはよらない）要素、社会的な要素が含まれていると主張したのとよく似ています。ただ、ブルジョアの場合には、その社会的な要素は、民法

85

に見られる「準契約」つまり仮想的で遡及的な契約として、もう一度契約的な関係へと送り返されます（重田 2010）。わたしたちは、社会に対してばかりでなく、他者との関係においても、社会や他者がつくりだす便益とその裏側にあるリスク（病気、事故、失業、老齢化など）のおかげで、それを負うて生きています。したがって、わたしたちはそれに対して「返済」をしなければならない。たしかにひとりひとりが社会や他者の便益／リスクをどの程度負うているかを査定するのは難しいけれど、少なくとも社会や他者が（自らも含めて）さらされているリスクに対して、共同して（たぶん、財産のある者は多く、ない者は少なく）対処しなければならないことは明らかであるということになる。

　ところで、19世紀後半の工業の大規模化にともなって、大きな問題として浮上していたのが「労働災害 accident du travail」でした。すでに述べたように、もともと怠惰や悪徳など、一部の個人の道徳的問題と責任に帰されていた貧困問題は、賃金労働者という新しい生活様式に適応しなければならないすべてのひとびとが直面する道徳問題、つまり社会全体の問題であることが明らかになっていました。それと同じように「労働災害」もまた、もともとは個人の不注意や怠慢など、労働者個人の責任に帰されていましたが、この時期に明らかになってきたのは、「労働災害」には、統計的な規則性があるという事実です。つまりある生産／労働現場においては、だれがそこで働いているかということとはかかわりなく、ほぼ一定の比率で労働災害が起こる。フランスでは、ドイツなどよりも少し遅れますが、19世紀後半にはそのような事実が報告されるようになります。それはいったいどういうことなのでしょうか。

　それは、ある生産／労働現場には、その特性に応じて、一定の確率で労働災害が起こる「リスク risque」が内在しているのではないかと

いうことです。もはや労働災害をそこで働く個々の労働者の個人的な行動と責任に帰すことはできません。そうではなくて、むしろそれは、一定の範囲のひとびと population の全体にとっての、共有された「リスク」です。つまり、たしかに「いつ、だれが」その犠牲になるかはわからないが、かならずある確率で、「いつかは、だれかが」犠牲になることが、まったく確実に予測可能なのです。事故や災害は、つねに個人をおそうものですが、その「リスク」は人口に対してはたらきます。特定の種類の労働現場、たとえば炭鉱とか、紡績とか、製鉄とか、それぞれの種類や業種に固有の「リスク」があると考えなければなりません。このように一定の確率で規則的に生じる労働災害に対する対処するために、「保険 assurance」というテクノロジーがセキュリティ装置として利用されていくことになります。リスクを分散させ、社会化させるのです。

　ここで重要なのは、このようなリスクを「社会」全体が負っているという視点です――それこそがブルジョアの議論の帰結でした。したがってそのリスクを負わなければならないのは、少なくともたまたまその職に就いている者たちだけではない。そのような労働環境を与えている工場主（資本家）から、さらにそのような労働とその成果としての商品を必要としている「社会」のすべてのひとびとが連帯して、保険というかたちで、そのリスクに備えなければなりません。ここにあるのが保険の思想であり、そこから現れてくるのが「保険社会」、つまり保険によってリスクを分散・社会化し、それによって一定の確率で生じるリスクに備えるという制度をもった社会です。このような「保険社会」が、20世紀の福祉国家の理念へと無理なくつながっていくことは明らかだと思います。病気・事故・加齢といったさまざまなリスクを（国家の名のもとに）「社会」全体が担い、連帯する「社会」です。

参考文献

吉見俊哉『博覧会の政治学』中公新書（1992）
松村昌家『水晶宮物語』ちくま学芸文庫（2000）
鹿島茂『パリ万国博覧会』講談社学術文庫（2022）
ミシェル・フーコー『言葉と物』新潮社（1974）
田中耕一『社会学的思考の歴史』関西学院大学出版会（2021）
ミシェル・フーコー『監獄の誕生』新潮社（1977）
―――『社会は防衛しなければならない』筑摩書房（2007a）
―――『安全・領土・人口』筑摩書房（2007b）
カール・ポラニー『［新訳］大転換』東洋経済新報社（2009）
大沢真理『イギリス社会政策史』東京大学出版会（1986）
小幡正敏『見知らぬ者への贈与』武蔵野美術大学出版局（2023）
上野千鶴子『家父長制と資本制』岩波書店（1990）
川北稔『イギリス近代史講義』講談社現代新書（2010）
吉田恵子「19世紀イギリス、国は女性労働どう見たか」『明治大学短期大学紀要』73（2003）
ロベール・カステル『社会問題の変容』ナカニシヤ出版（2012）
田中拓道『貧困と共和国』人文書院（2006）
阪上孝『近代的統治の誕生』岩波書店（1999）
重田園江『連帯の哲学Ⅰ』勁草書房（2010）
田中耕一『〈社会的なもの〉の運命』関西学院大学出版会（2014）

第5章

福祉国家とフォーディズム体制
――20世紀を支えた両輪――

1 ケインズ経済学と福祉国家 ―― 市場原理に抗って

　19世紀後半は、資本主義の急激な発展期であり、そのために周期的に恐慌にみまわれ、すでに増大していた賃金労働者たちはそのたびに失業の憂き目にあって生活の基盤を失い、路頭に迷うことになります。それは、大きな社会不安 social unrest をまねくものになっていました。ヨーロッパでは、いわゆる「1848年革命」以来、労働運動や社会主義運動が力をつけていたこともあり、一方でこうした運動を弾圧したり、はたまた社会保障政策によって労働者たちの生活の安定をはかり、社会不安を少しでも解消しようとしたり、他方では、こうした社会運動のエネルギーを別の方向へ、すなわち「国民」という新たなアイデンティティにもとづいた方向へと誘導し、それを利用していこうとしたり、さまざまな力が交錯する時代になっていきます。

　ドイツ（1871年に統一）では、すでに1880年代にオットー・フォン・ビスマルク Otto von Bismarck（1815-98）が、社会保険制度の起源とされる医療保険／疾病保険（1883年）、労災保険（1884年）そして年金保険（1889年）を実現しています（失業保険の実現は1927年まで遅れます）。この時期は、労働運動、社会主義運動の力が急速に強まっていたので、「社会主義者鎮圧法」（1878年）で弾圧を加えていきますが、

他方でいわば「懐柔策」として労働者保護や社会保障政策を推進したとされています (いわゆる「アメとムチの政策」)。

ただし、社会保険という問題については、もう少し深く考える必要があるかもしれません。ドイツだけでなく、イギリスやフランスも含めて、ヨーロッパの労働組合は、かつてのギルド guild やツンフト Zunft と呼ばれた同業組合／同職組合の流れをくんでいて、独自の相互扶助組織や共済制度をもっていました──具体的には、資金を共同で拠出して、疾病や事故などに対処するというように。したがって労働組合にとって、国家的な社会保険の設立 (共済制度の国家による管理や、企業側も保険料を負担するなど) は、たしかにそれなりのメリットはあるものの、それまでの労働者の相互的な「よこ」のつながり、連帯を壊して、企業や国家との「たて」の関係を強化してしまうという側面をもっていたことは事実です。ダニエル・ドゥフェール Daniel Defert はそれを「脱相互化／脱共済化 demutualization」と呼んでいます (Defert 1991：212)。

のちに制度が拡充されて、工場労働者ばかりでなく、農業従事者や自営業者なども含まれるようになると、それは文字どおり「国民 nation」の保険になっていきます。しかしその場合の「国民」とはいったい何を意味しているのでしょうか。そもそも保険とは「相互につながりをもたない (見知らぬ) 者たち」を相手にして、かれらをいわば仮想的に結びつける技術だといってよいでしょう。そのかぎりで、「国民」が保険によって結びつけられるということは、「国民」が「相互につながりをもたない」まま、仮想的にしか結びつかないということです。わかりやすくいえば、「国民」はばらばらにされたひとびとの群衆的な集まりでしかないということ、さらに言うなら、何かに向けて動員することがきわめて容易いひとびとの集まりであるいうことにほかなりません。たしかにそれは考え過ぎかもしれませんが、きわめて

優秀な政治家であったビスマルクなら、それくらいのことは当然のように考えていたか、少なくとも直感的にわかっていたような気がします。この時代、労働者として歴史の表面へ、あるいは「社会」の内部に現われてきたひとびとは、いまや「労働者から国民へ」と変貌させられていったのです。

　イギリスでも、19世紀後半は、周期的に起こる恐慌によって失業者が増加し、労働運動、社会主義運動が高まる時代です。1886年には、ロンドンのトラファルガー広場で、失業者たちの雇用を求めるデモと警察による弾圧があり、それをきっかけに自治体が失業対策事業（公共事業による所得保障）に乗り出すことになります。ただしどうしてもそれは短期的な対策にしかならないので、あまり効果はなかったとも言われています。第4章でも触れたように、1833年の工場法の制定は、その後何回か改定され、子どもや女性が工場から解放（あるいは排除）されていくという大きな動きがありますが、社会保険が整備されるのは、20世紀になってからです。1911年になって、ようやく「国民保険法」が成立します。のちに首相となるロイド・ジョージ David Lloyd George（1863-1945）が主導し、すでに見たドイツの社会保険制度に学んで、健康保険と失業保険からなる「国民保険」を実現します。

　ところで、周期的におそいかかる「恐慌」という怪物──カール・マルクス Karl Marx は、それを「（全般的な）過剰生産という社会的疾病」（マルクス／エンゲルス 1971：47）と呼んでいます。たしかにそれは、何らかのかたちの市場の不均衡、生産と消費の不均衡であることは間違いありません。しかしながらむしろそれは、マルクスが資本制をめぐる議論の核心に置いた問題、つまり貨幣はけっして純粋な（価値の）「表象」には還元できないという問題と直接に深くかかわっていると考えた方がよいのかもしれません。ジョン・メイナード・ケイン

ズ John Maynard Keynes（1883-1946）もまた同様に、貨幣をたんなる交換手段とする考えをきびしく批判しています（岩井 1998）。たとえば、何らかの理由で、貨幣のもつ「流動性」──いつでもどんな商品にも変換できる容易さ──が求められて、貨幣が大量に保蔵されたり、あるいは（企業への投資ではなく投機が優先されて）金融市場に大量に流れ込んだり、はたまた海外の投資／投機先に（よりよい利益を求めて）「逃避」したりと、貨幣（資本）はそれ自身の論理にしたがって動いていきます。（わたしたちから見ると）本来、国内の企業に投資されて生産と雇用を生み出すはずの資本（貨幣）が、あたかも幽霊のように「浮遊」し始めます──それは貨幣をたんなる表象あるいは交換手段、つまり「透明なもの」と考えたときに、そのように見えるだけなのですが。いまや、貨幣自体がひとびとの欲望の対象（商品）となることによって、最終的には総需要あるいは有効需要の不足という、いかんともしがたい問題を生み出すことになります。

　ひとたび（何らかの商品の）需要が減退すると、それに応じて価格は下落しますが、だからといって貨幣賃金が下がるかというと、それは簡単には下がらないので、生産と雇用を削減せざるをえなくなります。失業した労働者は消費支出を抑えざるをえず、再び需要を押し下げるので、それがさらなる生産と雇用の削減へとつながっていく……、という負の循環。総需要の減少は、経済全体の連関を通して「乗数的に multiplier」生産と雇用を減少させてしまうという、マイナスの「乗数効果」。そうなると大量の失業が発生すると同時に、それがさらに需要を減らすという悪循環にはまってしまいます。市場は暴走し、悪循環から抜け出せなくなり、「社会」に破壊的な帰結（雇用の消失）をもたらします。

　このような市場の暴走に直面して、もはや市場の自律性にすべてをまかせるわけにはいかなくなります。市場がもたらす破壊的な不安定

性に制限を加えて安定性を取り戻し、市場のもとで生きざるをえないひとびと(「社会」)をその破壊的な力から守らなければなりません。国家が経済政策——財政政策（公共事業）と金融政策——を通して、自由な市場経済に介入することが求められます。資本が必要以上に金融市場に流れたり、あるいは海外に「逃避」するのを規制して、国内の生産に投資されるように促し、さらに公共投資によってそれを助け、それによって雇用と賃金の安定をはかることが求められます。さらに言うなら、累進課税や社会保障制度によって所得の再分配を行うことまでも含めて、ケインズは、市場に国家が介入する道筋、「社会的自由主義 social liberalism」と呼ばれる 20 世紀の道を準備することになりました。

　国家の経済政策が、市場の破壊的な不安定性に制限を加えるものだとすれば、社会保障制度は、ひとびとを市場の破壊的な力から守るものです。1911 年の「国民保険法」の制定の過程で、中心的な役割を果たしたウィリアム・ベヴァリッジ William Henry Beveridge（1879-1963）は、のちに『ベヴァリッジ報告——社会保険および関連サービス』（1942）によって、第二次世界大戦後の先進資本主義国家のあり方を大きく方向づけることになります。

　『ベヴァリッジ報告』の核となる精神は、「何よりもまず、社会保障プランは、社会保険のプランである」ということ、そして「それは、保険料の拠出と引き換えに、最低生活水準 subsistence level の給付を、資力調査 means test なしに権利として給付するもので、個人がこのうえに、自由に自己の生活を築き上げることができる基礎となるものである」（ベヴァリッジ 2014：5）ということだと言ってよいでしょう。最後の表現（「個人がこのうえに、自由に自己の生活を築き上げる」）はややあいまいにされていますが、その趣旨は、（その直前で述べられている）「ナショナル・ミニマム national minimum［国家が国民に対

して保障する最低生活水準］を確立するに当たっては、各個人が、自分自身とその家族のために、最低限以上の蓄えをしようとする自発的な努力の余地を残し、これを推奨するべきである」ということでしょう。

つまり、ベヴァリッジのプランは、基本的には社会保険にもとづいて、「最低生活水準の給付」つまり「ナショナル・ミニマム」を実現しようとするものです。ただし、医療保障については、保険方式ではなく税方式を採用するかたちになっていたので（現在の「国民保健サービス National Health Service」も大半は税によってまかなわれている）、おもな社会保険は失業保険と年金保険ということになります。これらは、均一拠出・均一給付を原則としているのが特徴で、ドイツなどの所得比例拠出・所得比例給付の原則とは対照的でした（のちに、年金保険にかんして所得比例拠出・所得比例給付が導入されている）。

なぜ均一拠出・均一給付なのかといえば、必要とされているのが「最低生活水準の給付」だからであって、「最低水準」はひとによって多様ではなく、一定だからです。あくまで保障されるのは「最低生活水準の給付」で、それ以上の、いわば標準的な生活水準を維持するためには、「自発的な努力［が］……推奨」されるというか、要求される、もっと言えば強制される、という仕組みになっているわけです。その意味では、「最低生活水準の給付」、「ナショナル・ミニマム」の実現は、たしかに19世紀以来の「社会問題」に対する応答として、国家が「生存権」を保障するという意味で、画期的であることは間違いありません。しかしそれは同時に、国家がひとびと（国民）の生存の権利、生命の権利を管理し、そのことを通して、ひとびと（国民）の活動や関係（つまりは「社会」）に影響を与え、かつ利用するという、17世紀以来の「生 – 権力 bio-pouvoir (仏) bio-power (英)」（これについては後述）のひとつの局面として位置づけられることも確認しておかなければな

りません。

　すでに触れたように、国家の社会保障政策によって、すでに「労働者」は「国民」へと変貌させられたのでしたが、今度は「国民」であることを通して、再び「労働者」として生きることを鼓舞され、生産活動へと駆りたてられていくことになります。労働者／国民という二つの位相とその循環は、この時代を生きたひとびとに背負わされたアイデンティティの位相と循環にほかならなかったのだと思います。

　その意味では、市場経済の不安定性や暴走に対して、ケインズ経済学はそれ自体を国家の経済政策により安定化させて雇用を守ることによって、社会保障政策（福祉国家への道）は市場経済から「国民」を守り、再び「労働」へと差し向けることによって、ともに修正された資本主義経済をさらに発展させていくことを目指していたわけです。そしてそれに向けて、ひとびと（国民／労働者）をひたすら駆りたてていったものこそ、ひとびとの「（能）力」を最大限に引き出し、それを利用していこうとする「生‐権力」であったと言ってよいと思います。

2　「生‐権力」とその帰結（1）

　すでに19世紀後半から本格化していた、大量の「人間」とその群れの「自然な力」を開発、増大させ、利用していこうとする大がかりな変容（p.73）は、20世紀（とくに第二次世界大戦後）になるとケインズ主義的経済政策と社会保障政策に支えられながら、ひとびとを大量に経済活動へと動員していく体制へと整備されていくことになります。しかしそれは19世紀に突然始まったわけではありません。フーコーのいう「生‐権力」への歴史的転換とその発展が、このような動きの背景にあることを理解しなければなりません。

　ミシェル・フーコーによれば、ヨーロッパでは、16世紀末から17

世紀あたりを境目にして（いわゆる絶対王政が確立する時期です）、権力、つまり人々を支配する力、たんなる暴力ではなくて、（被支配者から見て）何らかの正当性をもった支配する力に大きな変容が起こったとされます（フーコー 1986, 2007b）。

簡単に言えば、それまでの権力は、ひとびとやその活動にはあまり関心がないというか、反乱でも起こされると困るので、そこだけは関心がありますが、それ以外には関心がない。もし反乱を起こせば、徹底的に弾圧して排除する、殺す。そういう意味で、これは「殺す」権力とか、「死」の権力と呼ぶことができます。権力の選択は、死なせるか（殺すか）、それとも生きるままにしておくか（生への無関心）です。それに対して、16世紀末から17世紀あたりから、なぜか権力は、ひとびととその活動に急に関心をもつようになる。その理由は、経済（資本主義）の発展と（ヨーロッパ圏内の）国家間の競争にあります。国家間の競争に勝つためには、経済（資本主義）の発展が必要です。そしてそれはまさにひとびとの活動に依存する。ひとびとがたくさん働き、儲け、豊かになること、それ自体は権力の目的ではまったくありませんが、経済が発展すれば国力は増大するわけで、権力の目的の副産物としてひとびとは豊かになる。

そういうわけで、権力はひとびとの（生命でもあり生活でもある）「生」に関心をもつだけでなく、それを積極的に支援し、その力を増大させようとしていきます。それまでの「殺す」権力から一転して、「生」の力を増大し、それを管理／運営し、利用しようとする「生かす」権力、つまり「生 - 権力 bio-pouvoir（仏）bio-power（英）」へと大きく変容したというわけです。今度は権力の選択は、生きさせるか、それとも死ぬままにしておくか（死への無関心）になるはずです。

ただし、このような「生 - 権力」への転換は、歴史的にみれば、かならずしもスムーズに進んだわけではありません。第3章で見たよう

に、中世以来の「中間的勢力 intermediaries」が国家によるひとびとの直接的な統治に抵抗します。さらに、そもそも国家による統治の対象として現れてきたはずの「人口／社会」は、18世紀になると国家からの自律性、市場にもとづいた自律性を主張し始めます。しだいに、市場の自律性にもとづいた「社会」は拡大するとともに力を増し、19世紀になると、市場（経済）のいわば暴走によって、自らを破壊しかねないような状態になっていきます。しかしそれに応じて、国家の統治能力もまた増大していきます。すでにみたように、経済活動への介入や社会保障政策を通して、しだいに「社会」は国家によって囲い込まれ、「帰化／国家帰属化 naturalization」（マン 2002-2005）させられていきます。

　ところが、近代国家の権力が「生－権力」だと考えると、すぐにそれとは矛盾する現象がたくさんあることに気がつくはずです。まず何といっても、近代の国家間の戦争ほど、大量のひとびとを「殺す」戦争はかつてなかったということが目につきます。戦争というものは、いつの時代も愚かなもので、それを正当化するものは何もありませんが、それでも近代の戦争ほど常軌を逸したものはありません。それは、それ以前の戦争とはまったく異なる戦争だということを忘れてはいけません。それ以前の戦争は基本的に兵士が戦う戦争でしたが、近代の戦争は国民が戦う戦争、つまりすべての国民が兵士となって戦う戦争に変わりました。こんなことは、本当にいままでなかったことです。そういう戦争のことを「総力戦 total war」と言います（国家のもつあらゆる力を投入する戦争という意味です）。ですから（現実はともかく）論理的には、敗戦は国家／国民の滅亡を意味します。

　「生－権力」のはずの近代国家がなぜ多くの国民の生命を脅かすのか、それは近代の戦争の掛け金が、国民全体の「生存」であって、いわば「生きる」ために戦争をしていることになるからです。国民が生

き残るためという名目で、多くの国民の命を奪う──言っていることとやっていることが真逆です。優生政策にもとづいた強制的な不妊手術も遠い過去のことではありませんし、そこにあるのは「優生」思想、つまり「生」の思想なわけです。「生‐権力」などというと、国家が国民の「生」を無条件に支援していると誤解してしまうかもしれませんが、それは大きな勘違いだと言わなければなりません。

　ここで、第４章の「万国博覧会」に現れた「人種主義 racism」を想起しなければならないでしょう。「人種主義」は、「生‐権力」を掲げる近代国家が、それでも他国との戦争を、つまり「殺す」権力でもあることを正当化するための通路を準備するばかりでなく、それが自己（国民）自身へも向かい、自己（国民）自身をも分割していく、いわば（生命の）「純化」を正当化するための通路も準備することになるのです（フーコー 2007a：253-7）。そして（生命の）「純化」とは、「生‐権力」の源にあるとともに、それが目指しているものでもある、（生命の）「自然」を引き出し、保護し、強化することとまったく同じものであることは、何度でも強調しておかなければなりません。

　フーコーによれば、「生‐権力」には二つの顔があります（フーコー 1986）。第一の顔は、「規律 discipline」と呼ばれる力で、それは個々の身体を標的にし、その身体を調教・訓練し、その身体がもつ「自然」な能力・適性を増大させて、役に立つものに変容させようとします。規律は身体にはたらく力、身体に教え込み、身体を訓練するような力です。頭を使うのではなくて、身体を使う。身体に規則的な運動を染み込ませていくわけですから、何か物理的というか、強制的というか、たとえばスポーツで技能を高めるためにくり返し行われる練習を想像してもらえばよいと思いますが、どうしても身体に無理やりに覚えさせるという抑圧的な側面をもっています。

　ただ、規律という力の本来の、というか少なくとももっとも興味深

い側面を抽出すれば、それは以下の点にあります。つまり規律がひとびとのなかにつくり出していくのは、何かを自発的に、「自然に」できるような力、「能力」です。しかもそれはあたかももともと備わっていた（自然な！）「能力」であるかのようなものとして引き出され、そして増幅・強化されていく。規律の本来的なあり方は、ひとびとの「自然」な力を強化させるのであって、少なくとも禁止・抑圧によって力を弱くすることにあるのではありません。ただし、そこで強化される力は、無限定な力、どのような方向に爆発するかもしれない危険な力ではありません。スポーツであれ、勉強であれ、はたまた仕事であれ、強化されるのは、そこで求められる「能力」であり、「能力」の強化によって、個々の身体は、ますますそれぞれの秩序と支配（スポーツであれ、勉強であれ、仕事であれ）により深くはまり込んでいく、つまり服従が強化されていくわけです。力を強化しつつ、服従も強化する――「規律」の何とも不思議で狡猾なはたらきです（フーコー 1977，詳しくは田中 2021 第 10 章を参照）。

3　「生 – 権力」とその帰結（2）

　第二の顔は、フーコーが当初は「調整管理 regulatory control」、しだいに「人口」の統治とか、安全メカニズム security mechanism と呼び、最終的には「統治性 gouvernementalité（仏）governmentality（英）」という概念へと集約されていくもので、個々の身体ではなく、いわばそれを迂回して、多くの身体の集まりである「人口 population」に照準します（フーコー 2007b）。もともとは、17 世紀の国家が statistics（国家の学＝統計学）によって、当時の国家が関心をもちだした、ひとびととひとびとの活動についてのさまざまな情報を収集し、それをモニタリングしだしたのが始まりです。わかりやすいのは、人口の数と

その変化から始まって、出生率とか、死亡率とか、平均寿命とか、さらにはいま言う経済的な指標（作物の収穫量や価格、天然資源の量など）、あるいは道徳的な指標（犯罪率、自殺率など）まで広がっていきます。この力が目指すのは、とりあえずは「知る」ことにありますが、最終的には（そうした知識を通して）身体の集まりである人口の水準で、「自然」な「生」の力を引き出し増大させて、それを利用することにあるといってよいと思います。それは、「規律」がはたらきかけ、引き出そうとしているのが、個々の身体のもつ「自然な」力であるのと同様です。

　ただし、人口というものの出現は──それは17世紀の国家によって、まずは国家の富や力のもととなる生産力として見い出されるとともに、18世紀になるとしだいに独自の「自然な」厚みをもった存在として自らを押し出してくるのですが──、統治というもののあり方を大きく変えていくことになります。これ以降、統治は少なくとも単純な支配の受け容れか拒否かという水準で語れるものではなくなる。もちろん統治が不可能になるとか不必要になるということではありません。そうではなくて統治は、そうした「人口」の自然性を知り、（その状態やメカニズムを）十分に理解したうえで、いわばそれに寄り添いながら行われるものになっていく。統治がその対象それ自身の「自然性」というものに照準していくのは、したがってこれ以降なのだと思います。

　その意味では、「規律」という力がたんなる規制や抑圧ではなく、個人のもつ能力という「自然性」を引き出すというかたちになってくるのも、歴史的にみればやはりこれ以降だと言うべきなのかもしれません。というのも、規律が対象とする個々の身体、つまりは「個人」なるものは、あくまでひとの群れを前提としながら、そこから規律という力自体がそれを分解し「個人化」していくことによってはじめて

現れてくると考えなければならないからです。規律が見い出す個人の「自然」な能力なるものも、もともとは人口の「自然」な能力をいわば「個人化」したものだと言ってもよいかもしれません。

　ところで人口の自然性は、まずはすでに見たような、できごとや行動の起こる量や確率といったかたちで現れます。17世紀にジョン・グラント John Graunt（1620-74）は、ロンドンの教区ごとにまとめられていた死亡表（bill of mortality）を集め、それらを集計して、そこからさまざまな観察（observations）を引き出しています（グラント 1968）。死亡表の発行は、もともとはペストの流行を背景として16世紀末に始まり、17世紀に入ると毎週定期的に発行されるようになっていきます。その内容も、はじめは埋葬数とペストによる死者数だけだったものが、しだいにさまざまな疾病や事故などによる死者数が記録され、さらには出生数のもととなる洗礼数も含まれるようになっていきます。

　グラントは、これらの生と死についてのデータから、いっけん偶然的に起こっていると思われる（生と死にかんする）諸現象が、集合的なレベルで観察すると、はっきりとした規則性（自然性）を示すことを明らかにしました。たとえば慢性病あるいはそう考えられていた病気（肺結核、水腫、黄疸、痛風、くる病など）による死や、事故による死（溺死など）、さらには自殺による死などは、「埋葬の総数に対して恒常的比率を保つ」（グラント 1968：53）、つまりほぼ一定の比率で起こっているという規則性（自然性）があるというのです。グラントの発見は、のちの統計学の発展の第一歩となっていきますが、それだけではありません。いずれ19世紀末になれば、エミール・デュルケームは、それぞれの社会（あるいは集団）が固有の、つまり「自然」な（かれは「自然な」という言い方はしていないと思いますが）「自殺（死亡）率」を示すということに注目して、それが固有で「自然」な理由を社会学的に説

明しようとしていくはずです (詳しくは田中 2021 第 4 章を参照)。

　しかしながら、人口の自然性は、できごとや行動の起こる量や確率だけに現れているわけではありません。むしろ 18 世紀に出現し、発見される人口の自然性とは、もっと動的というか、プロセスというか、そういうものです。したがって量や確率もまた、あくまでそういったプロセスのなかに埋め込まれたものとしてあるといった方がよいでしょう。つまりそれは、あるできごとや行動の量や確率に、何か逸脱的な兆候があらわれた場合に、それが諸要素間の自然な相互関係と独自の展開プロセスのなかで「自然に」取り消されていくというような自然性のことです。フーコーはそれを安全装置とか、安全メカニズム security mechanism と呼んでいます（フーコー 2007b：9）。ところがこの「自然性」もまた、あらゆる「自然性」と同様に、放置と放任によって現れるものではありません。それを見い出し、寄り添い、管理し、配慮する統治の力に相関してはじめて実現される「自然性」だということが、きわめて重要です。

　またしてもあの食糧難を例にしましょう。天候不順等の理由で、収穫量が減少して穀物の不足が起こり、価格は上昇します。そうするとさらなる価格の上昇が期待されるので、供給は減り、食糧の不足はさらに進みます。不足が不足を生む悪循環。かといって国家／政府の統制によって価格を抑えれば、今度は逆に農家を貧しくさせ、翌年の収穫量を減らすという悪循環も生じてしまう。これに対して 18 世紀中頃のフランスで打ち出されたのは、意外なことに、自由な穀物流通という原則。この原則によって何が起こるのでしょうか。穀物の不足による価格の上昇は、国内外から高値を求めて流入する穀物によって、打ち消されていきます。たしかに一時的には価格が上昇してしまうけれど、したがってそこで食糧不足は起こってしまうけれど、その上昇のおかげで穀物が集まり、価格はほどなく安定化する。不作は、たし

かに不足と高値を引き起こすし、一定の被害は出るが、それ自体が自らを緩和し、補正し、ブレーキをかけ、最終的には取り消すというわけです。人口の自然性のうちで、その関係性や展開のプロセスのなかで、安全メカニズムがはたらき、逸脱的な現象を打ち消し、消滅させていくということです。かつてのやり方が価格の統制やストックの禁止など、規制的で介入的、つまり規律的であるのに対して、そういう規制や介入を止めるという意味で、何か放置し放任しているように見えるのはたしかだと思います。だがしかし注意しなければならないのは、ここでは、自由な流通を可能にし、それを保証し、確保するという、いわば環境の整備が必要とされているということです。それこそが統治の役割であって、決して放置し放任しているわけではないということを理解しなければなりません。統治は、偶然的な要素が展開する空間である「環境」を整備しているのです。

　ただ、忘れてはならないのは、安全メカニズムによる食糧難の打ち消しについては、あくまで全体を巻き込んだ、人口全体、国民全体としての食糧難はたしかに打ち消されるものの、はじめに起こる一部のひとびとにおそいかかる食糧難はなくならない、というかなくなってはならないということです。それはたしかに全体としての災禍を予防するものの、そのために一部のひとびとを犠牲にする、しなければならないということを忘れてはならない。この犠牲は、一部のひとびとの犠牲だからこそ、声を上げにくいし、きわめて見えにくいものであることに注意しなければなりません。

　最後に、「自然性」の動的な展開として安全メカニズムが作動するとともに、そのなかでできごとや行動の量や確率の恒常性という側面が（監視と介入という観点から）焦点化されることをうまく見てとることができる事例として、フーコーが取り上げている天然痘の事例を見ておきましょう（フーコー 2007b：72-8）。天然痘という伝染病に対し

ては、18世紀前半から天然痘接種（種痘）、19世紀には牛痘接種というかたちで、19世紀後半のルイ・パストゥール Louis Pasteur（1822-95）まで、まだワクチンということばも医学的な説明もないままに、いわゆる予防接種に事実上成功していました。そこには、人工的に接種された「小さな」疾病（天然痘）が、天然痘への全面的な罹患を防止するという意味で、あの食糧難の事例（小さな食糧難を起こすことで、大きな食糧難を防止する）と同型のプロセスがあるということがわかります。それと同時に、接種をめぐって、接種の効果とか、接種による死のリスク、接種しないことのリスクなどから始まり、さまざまな集合体（人口）ごとのリスクが計算されるようになっていきます——年齢層、都市、職業など。つまりたんに全体としての罹患率とか死亡率だけではなくて、さまざまな年齢や場所や環境によって、リスクの程度の違いが明らかになる。

　ここで立てられる介入の目標は何か。それは「正常な」つまり「自然な」罹病率や死亡率という目標です。したがって、とりわけそこから逸脱した高い罹病率や死亡率を示す集合体、それは子どもたちだったのですが、それを「正常な」つまり「自然な」罹病率や死亡率に近づけるという具体的な目標が設定される。

　まったく不思議なことに、人口の統治の目標は、病気でも、犯罪でも、自殺でも、たしかに現実に可能かどうかという問題はあるにせよ、それらを無くすこと、あるいはそれらを少しでも少なくすることでさえありません。問題なのは、あくまで（「人口」や「社会」にとっての）「自然」であり、したがって「自然」な罹病率、犯罪率、自殺率です。いったいどのようにして、ある「社会」の「自然」（な自殺率）が決まるのか、くり返しになりますが、デュルケームが『自殺論』で取り組んだのは、まさにこの問題であったことを想起することができるでしょう。

ここにあるのは、統治の、ひとびとの個々の身体や個々の生に対する、ある種の無頓着、無関心です。個々の身体ではなく、多くの身体の集まりに照準しているということは、そういうことです。たとえば「犯罪」が問題となる場合も、いつ、どこで、どんな犯罪がどのくらい起こっているかというデータと、それにもとづく予測および介入（取り締り）のプラン——もっとも単純なものは、いつどこを重点的に取り締まるかのプラン——です。それは、「規律」が個々人にはたらきかけて、犯罪を予防しようとするのとは対照的です。よくも悪くも、そこには、「規律」が想定しているような（自律的）個人、あるいは「主体」はもはや存在していません。

4　フォーディズム体制へ——大量生産と大量消費の循環

　たしかに、20世紀（とくに第二次世界大戦後）を特徴づけているのは、ケインズ主義的な経済政策と、福祉国家による社会保障であり、それによって市場にもとづいた資本主義経済の暴走を抑えるとともに、国民の生活を安定させようとしました。ただし、それはあくまで国民を雇用と労働へと動員することによって、資本主義経済のさらなる発展を目指すものでもありました。では、その動員の行き先、資本主義経済体制そのもの、そしてその発展とは、いったいどのようなものだったのでしょうか。

　20世紀（とくに第二次世界大戦後）の資本主義を特徴づけているのは、一般に「フォーディズム Fordism 体制」と呼ばれる、資本主義の独特のあり方だと言ってよいと思います。「フォーディズム」ということばは、自動車の「フォード」から来ていますが、それをたんなる生産システムではなく、生活様式や社会体制の問題としてとらえたのはアントニオ・グラムシ Antonio Gramsci（1891-1937）で、のちに経

済学のレギュラシオン学派（たとえば、ミシェル・アグリエッタ Michel Aglietta やロベール・ボワイエ Robert Boyer など）が、とくに戦後の「大量生産と大量消費の循環の体制」をあらわすためにこの概念を使いました（グラムシ 2006, ボワイエ 1990）。というのも、フォード

図 5-1　フォード・モデル T

社こそが、有名な「T 型フォード」を大量生産によって価格を下げて、大量消費へと結びつけ、1920 年代以降のアメリカの生産拡大と豊かさの実現の端緒となっていたからです。言ってみれば、フォード社がやろうとしたことを、のちに社会全体で実行したのが、戦後の経済体制だったと考えてもよいでしょう。

　20 世紀の初頭、ヘンリー・フォード Henry Ford（1863-1947）は、デトロイト Detroit にフォード・モーター社を設立し（1903 年）、自動車の製造と販売をスタートします。モデル名はいかにもそっけないアルファベットの A 型（価格 750 ドル）から始まり、B 型、C 型、F 型、K 型、……。経営は順調に進んでいきますが、かれはぜいたくで高級な車ではなく、あくまで安価で大衆が購入できる自動車をつくろうとします。大量生産によって真の廉価車をつくる、その転機となったのが N 型（1906 年、価格 600 ドル）。そして、のちにアメリカ中を席巻することになる、あまりに有名な「T 型フォード」（価格 850 ドル／ツーリング）が 1908 年に発売されます（図 5-1）。値段は最安というわけではありませんでしたが、強い鋼材、新型のエンジン、滑らかな変速装置など、新しい技術をふんだんに用い、革新的でかつ信頼のおけるものであったと言われています。

第 5 章　福祉国家とフォーディズム体制

　フォード社は早くから規格化された互換部品を採用し、組み立て作業に調整などの熟練を要しなくなっていましたが、組み立て方式は、基本的に据え置かれた自動車の車台（シャーシ）に、各工程を担当する作業員が入れ替わり立ち替わり部品を持ちよっては取り付けていくというものでした。しかしこのやり方では、作業員や部品の移動と入れ替わりに大きな無駄があって、けっして効率のよい生産方法でないことは想像に難くありません。そこでかれらが考え出したのは、それまで据え置かれたままであった車台（シャーシ）の方を移動させ、作業員や取り付ける部品の方を固定する、つまり車台（シャーシ）の方が、待ち構えている作業員と部品のなかを進んでいくというものでした。たしかに効率はよさそうですが、それまでのやり方とは違って、膨大なスペースと大がかりな仕組みが必要になることはすぐにわかります。すでに、ベルトコンベア方式の流れ作業を知っているわたしたちから見れば、あたりまえに感じますが、はじめはソリのような台車に乗せたり、ロープで引っ張っていたと言われています。何か想像すると滑稽に思えますが、新しいことを始めるというのは、たぶんそういうことなのでしょう。

　それと同時に各作業工程についても、その作業内容を要素へと分解して、無駄を削ぎ落としたうえで再構成するという方法で、合理化され効率化が進んでいきます。つまり当時すでに流行していたという、フレデリック・テイラー Frederick Winslow Taylor (1856-1915) の「科学的管理法」（出版は 1911 年）と同様の方法によって、標準的な作業手順が定められ、必要な時間が決められていきます。

　ベルトコンベア方式の流れ作業によって、多様で複雑な組み立てプロセスを一貫して無駄のないかたちで統合するとともに、各作業工程そのものもまた無駄を排して合理化するという大量生産方式の実現です。それは 1914 年ころにはほぼ完成の域に達し、複数のベルトコン

ベアが合流しながら最終製品が組み上がるプロセスができあがっていきます。それに加えて、塗装は黒のみ、モデルチェンジも控えて、生産もほぼ T 型に絞っていきます。規格化された同じ製品を大量に生産し、価格を下げて大量に販売していくこと、これがフォードのやり方でした。「車をつくるいちばんいい方法は、……すべてを同じにすることだ」(レイシー (上) 1989：163) ったわけです。このような大量生産方式によって、生産台数は飛躍的に伸び、そして価格は劇的に下がっていきます。生産台数は、製造を終了した 1927 年までに累計で 1,449 万台、同期間の全米自動車販売台数の約 40 パーセントを占め、他方で価格は当初の 850 ドル (1908 年) から 290 ドル (1925 年) まで低下していきました。当初は比較的賃金の高いホワイトカラー層でも、10 ヶ月分くらいの収入に相当する価格であったものが、1926 年ころには 2 ヶ月程度の収入の範囲におさまるようになったとされています (栗木 1999：41)。まさにフォードが目指した、大衆が買える自動車が実現しました。

　ところが、部品から完成品まですべてを規格化し、それによって効率よく同じものを大量に製造する大量生産システムは、その裏返しとして、そこでの労働を、きわめて断片化した単調で退屈な作業が気の遠くなるほどくり返されるものへと変貌させていきます。規格化された安価な自動車の大量生産システムの完成の裏側では、規格化され断片化した単調な労働もまた、大量生産されていたわけです――さらに言えば、規格化された画一的な人間をも大量生産していくことになります。そのような労働のあり方の変化を背景にして、労働者の離職率がけたはずれに上昇していきます。1912 年には、労働者の移動率が 400% 近かったと言われていますので、100 人の労働者を確保するためには 400 人を採用しなければならず (定着率は 25% になる)、翌年にはさらに移動率が上がってしまった (定着率が下がってしまった) と

されています（栗木 1999：101, レイシー（上）1989：223）。

　フォード社は、1914 年になると、このような事態に画期的なプラン——日給 5 ドルと 1 日 8 時間労働——で対応します。それまで日給は基本給 2 ドル 34 セント、1 日 9 時間（週 6 日）労働でしたが、日給を倍増して 5 ドルとし、労働時間も 1 時間短縮するという、当時としてはまさに画期的なものでした。もとの基本給でも、製造業全体の平均からみればかなり高く、主要な業種に限定しても同等かやや高いレベルだったので、他社と比べても 2 倍を超える賃金を保証したことになります。たしかに、基本給 2 ドル 34 セントと日給 5 ドルの差額は「利益配分（利潤分配）ボーナス」とされ、しかもそれを受け取るためには、さまざまな条件（「6 ヶ月以上勤務」「既婚」「22 歳以上」から、「清潔で、まじめで、勤勉な生活」までもろもろ）が定められていました。また、1 日 8 時間労働とはいっても、二交代制が三交代制に変更されて 24 時間フル操業になったので、条件が本当によくなっているのかは疑問ですが、それでも少なくとも給与面については、画期的な上昇であったことは間違いありません。

　この「清潔で、まじめで、勤勉な生活」という条件（これを実際に調査する「社会［福祉］部 sociological department」までつくられ、従業員の家に調査員が派遣され、生活の調査や指導が行われるだけでなく、家を買うための算段、法律相談などにも応じた）にうかがえるように、そこには温情主義的な支配と保護（「パターナリズム Paternalism」）がはっきりと見られます。さらにそれは、企業内で行われた、さまざまな「福祉的」施策にもおよんでいます。たとえば、多いときで 7 割を超えた移民労働者たちに英語学校を開設して、市民権の獲得を支援したり、職業学校を開設したり、あるいは特別基金をつくって従業員家族の身障者を対象に医療費を支給するなど多岐にわたっています。

　ちなみに、1920 年代のアメリカは「狂騒の 20 年代 Roaring

Twenties」などと呼ばれる経済的な繁栄を謳歌します。そのなかで大企業を中心に、長期雇用や社内昇進制度、職業訓練などによって人材を囲い込み、企業別労働組合を通して良好な労使関係をつくりあげ、さらには社宅や病院から企業年金や医療保険にいたるまで、充実した企業内福祉を誇っていました。しかもそれは戦後もつづき、1960 年代までにかなり広がりを見せました。このように企業が労使関係の安定と企業への貢献と引き換えに、さまざまな福祉を提供するやり方は、「福祉資本主義 welfare capitalism」（ジャコービー 1999）と呼ばれています（ただしこのことばは、次節で取り上げる「福祉レジーム（体制）welfare regime」とほぼ同義に使われる場合もあるので注意してください）。長期雇用や社内昇進制度、企業別労働組合、そして企業内福祉の充実とくれば、これはもう日本的経営とか日本型雇用システムなどと呼ばれる、日本伝統のお家芸かと思ってしまいそうですが、けっしてそんなことはありません。意外なことに、かなりの部分は、アメリカのやり方を取り入れていたことがわかります。

　いずれにしても、この時代のアメリカで、フォード社を筆頭にして実現しつつあったのは、規格化された安価な商品を大量生産し、それを豊かになった大衆が大量消費していくという循環のシステムでした。そしてこの両者をつないだのは、労使協調による高賃金であり、さらに企業内福祉による生活の安定がこの循環を支えたと考えることができます。その意味では、第二次世界大戦後に本格的に実現した、大量生産と大量消費の循環とそれをつなぐ労使協調と賃金の上昇というシステムを「フォーディズム体制」と呼ぶのはまったく自然なことだと思います。さらにそうした循環のシステムを、福祉国家の社会保障政策が力強く下支えしていくというみごとな連携が、そこで実現していたことも忘れてはならないでしょう。

5　戦後日本社会 ── 家族、労働そして郊外の生活

　大量生産と大量消費の循環 ── 労働者はテイラー主義的な労働を通して、大量生産の一翼を担うとともに、その生産性の向上に見合った賃金の上昇によって、消費者として、この循環のもう一つの役割をも担うことになります。いまや「労働者が（同時に）消費者になる」時代の到来です。しかしながらここで注意しなければならないのは、この「労働者が消費者になる」という、きわめて単純で疑問の余地もないようにみえる定式化、フォーディズム体制のいわば核心にある命題のなかには、フォーディズム体制そのものを破壊し、自らをまったく異なるものへと導いていく、何とも皮肉としか言いようのない運命が刻み込まれているということです。たしかに労働者たちは、テイラー主義的な、単調で退屈な労働のくり返しを、見返りとしての高賃金と引き換えに甘受することで、豊かな消費者へと変貌しました。ただし豊かな消費者もまた、大量生産された、決まりきった商品を、見返りとしての安価な値札と引き換えに甘受しなければなりません。「労働者が（同時に）消費者になる」ということが、大量生産と大量消費の循環としてのフォーディズム体制の核でありつづけるためには、ひとびとが、労働においても消費においても、標準化された画一性を甘受しつづけなければなりません。それが，遅かれ早かれもはやがまんならないものへと変転してしまうことは、ことの必然としか言いようがないでしょう。ただし、それはまだもう少しさきの話です。

　第二次世界大戦後の日本の高度経済成長は、まさに大量生産と大量消費の循環のシステムであるフォーディズム体制の実現そのものであったと言ってよいと思います。たしかに復興の初期には、戦時期の手法そのままに、鉄鋼業や石炭鉱業などの増産を優先した、いわゆる

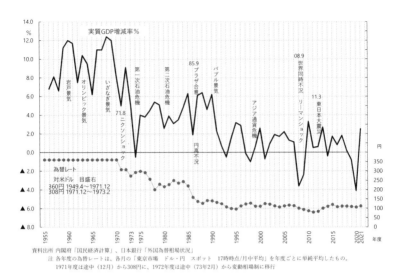

図 5-2 実質 GDP の増加率など（1956-2021）
出典：独立行政法人労働政策研究・研修機構
https://www.jil.go.jp/kokunai/statistics/timeseries/html/g0001.html

「傾斜生産方式」がとられましたし、また物資の不足は著しく、激しいインフレ（1945 年を基準にすると、48 年で 3.6 倍、50 年では 7 倍）にみまわれました。それでも 1950 年代に入ると、朝鮮戦争による特需などもあり、はやくも鉱工業生産指数、実質国民総生産、実質個人消費支出などが戦前の水準を超え、1955 年には、ようやく一人当たりの実質国民総生産が戦前水準を超えるところまできました。それを受けて、1956 年度の『経済白書』は、「もはや『戦後』ではない」と宣言することになります。ただしその意味は、これからの明るい未来を展望して、ということではなく、回復による浮揚力はもうここまでで、ここからは近代化という、自らを（外界をではなく）改造する手術により、きびしい経済成長の道を歩まなければならない、という決意をうながすものでした。そしてその後、1955 年から 1973 年（オイルショックの年）まで、20 年近くにわたって、実質経済成長率は 10 パーセン

トを超えることも多く、平均でも 9.25 パーセントという、空前の高度経済成長が実現します（図 5-2）。それに応じて、賃金も大幅に上昇しました。労働政策研究・研修機構のデータによれば、「月間給与総額（事業所規模 30 人以上）」は 1955 年から 1973 年まで 6.7 倍に増加しており、消費者物価の上昇を考慮に入れても 2.9 倍にまで増加し、確実にひとびとの購買力を押し上げていきます。

　1950 年代には、はやくもテレビ放送（白黒）が始まり（53 年）、（噴流式）電気洗濯機が発売され（53 年）、そして家庭向け冷蔵庫も発売されました（52 年）。もちろんどれも本格的に普及していくのは、1960 年代以降です。1957 年には、都市部でさえ、電気洗濯機で 20.2 パーセント、電気冷蔵庫はわずか 2.8 パーセント、白黒テレビもまだ 7.8 パーセントの普及率でした。それに対して 1965 年には、農村も含めて、電気洗濯機は 68.5 パーセント、電気冷蔵庫は 51.4 パーセント、そして白黒テレビはなんと 90.0 パーセントまで普及率を上げており、1970 年には、いずれもほぼ 9 割の普及率を実現しました（ちなみに、この年にはカラーテレビの普及率がすでに 26.3 パーセントに達しています）。これら「三種の神器」などと呼ばれることになる家電製品に象徴される耐久消費財の生産と消費の拡大が、戦後日本の高度経済成長の先導役を果たしたことが十分にうかがえます（内閣府 HP）。

　もちろん、日本住宅公団（1955 年設立）による勤労者用の住宅や宅地の供給、日本道路公団（1956 年設立）による高速道路網の建設、さらには高速鉄道（新幹線）の建設など、大規模な公共投資を忘れることはできませんし、またのちに新しい「三種の神器」として喧伝された「3C」のひとつである自動車の普及（モータリゼーション motorization）は、基幹産業としての自動車産業の興隆をたしかなものにしました。それは基本的に高度経済成長期以降も、オイルショックを乗り越えて今日までつづく繁栄を築いてきました。乗用車の普及率

は、1961年には、都市部でさえ2.8パーセントでしたが、高度成長期が終わる1973年には36.7パーセント、その後1978年には50パーセントを超えていきます。産業全般にわたって、まずは国内市場が拡大し、大量生産が大量消費を生み、投資が拡大して再び大量生産へという循環が形成されていったことがよくわかります。もちろん他方で、海外とくにアメリカ合衆国への輸出が経済を牽引してきたことも忘れてはならないでしょう。

ただし、大量生産と大量消費の循環が実現されるためには、労働者たちが労働の効率化に協力する（大量生産）とともに、経営者たちは賃金などの労働条件の改善に協力する（大量消費）という、協調的な労使関係が不可欠です。その意味では、戦後日本の労働組合が、異なる職種を含んだ企業別労働組合という独特のかたちをとり、企業と運命をともにするがゆえに、労使協調路線を基本としたことは、決定的に重要な要素であったと言えるでしょう。日本の労働組合は、かならずしも戦前期から企業別組織であったわけではありません。ただ、戦時期には、労使協調と生産増強によって戦争に協力するよう迫られ、労働組合は企業ごとに労使一体となってつくられた「産業報国会」へと解消させられていました。そのような背景のもとで、戦後新しく結成された労働組合は、異なる職種の労働者を含んだ企業別労働組合という独特のかたちをとることになったのではないかと言われています。（ただし、これには異論もあります。小熊 2019：356ff.）

もし、戦時期に総力戦体制を支えるために強制された企業別の労使一体組織が、戦後の企業別労働組合、ひいては労使協調路線のもととなったとすれば、何とも皮肉なことです。同じように、戦時の総動員体制を支えるために導入された1938年の「国民健康保険法」（もとになったのは1922年の「(旧)健康保険法」）、さらには終戦直前の1944年の「厚生年金保険法」（もとになったのは1941年の「労働者年金保険法」)

も、戦後の福祉国家体制のもととなっていきます。もっともこれらはかなり不備があって、内容は改められていきます。1958年には「国民健康保険法」が改正され（施行は1959年）、全国の市町村で運営を義務化、1959年には「国民年金法」によって、厚生年金加入者以外の自営業者や主婦などをカバーすることになりました。

このような社会保障制度の整備は、戦後の高度経済成長期に、かつての国家への（戦争への）動員体制が、資本主義的経済活動への動員体制であるフォーディズム体制へ変貌したことに対応していると言えるでしょう。言い換えれば、多くのひとびとの生活が近代的な生産体制に組み込まれた賃金労働者とかれらがつくる家族をベースとしたものへと変容していくのに対応して、不十分ながら、それを支える福祉国家体制の準備が進められたということでしょう。

ただし、かたちのうえではある程度整ったものの、日本の公的な福祉体制が貧弱なものであったのは明らかで、お世辞にも福祉国家がフォーディズム体制（高度経済成長）を支えたなどと言える代物ではありませんでした。イエスタ・エスピン-アンデルセン Gøsta Esping-Andersen（1947-）は、国家（公的部門）だけではなく、市場および家族も含めて、総合的に福祉が生産される仕方を「福祉レジーム（体制）welfare regime」と呼んでいます。そこから見れば、戦後日本のフォーディズム体制にもとづく高度経済成長を下支えしてきたのは、おもに大企業がその従業員に対して提供してきた（労働市場への参入を前提とした）企業福祉（いわゆる「福利厚生」と呼ばれるもの）と、家族がそのメンバー（とくに子どもと高齢者）に提供してきた家族福祉という、公的でない部門による福祉であったことは間違いありません。しかも企業福祉については、賃金などの基本的な労働条件と同様に、大企業と中小企業の二重構造が明白に存在していました。家族福祉について見れば、家族が福祉を生産するという言い方はいかにも奇妙で、

実際には子どもや高齢者のケアを「母」であり「嫁」である女性が担うというか、担わざるをえない現実があった（ある）ことを直視しなければなりません。

　ちなみに、エスピン-アンデルセンは上記の「福祉レジーム」にかんして、それがどの程度「市場」のはたらきから解放されるか（かれはそれを「脱商品化 de-commodification」と呼んだ）を軸にして、三つの類型を提示しています（エスピン-アンデルセン 2001）。第一のタイプは「自由主義レジーム」あるいはアングロサクソンモデル（アメリカ、カナダ、イギリスなど）で、もっとも脱商品化のレベルが低く、公的福祉はベヴァリッジ報告に見られるように最低限の生活保障にとどまります。その分（労働市場への参入を前提とした）企業福祉、民間の保険などへの加入といった、市場を通した福祉の比重が高くなります。第二のタイプは「保守主義レジーム」あるいは大陸ヨーロッパモデル（ドイツ、フランス、イタリアなど）で、脱商品化レベルは中位で、職域ごとの社会保険があり、職業的な地位の格差が維持されています。それとともに、伝統的に家族主義の傾向が強く、家族が福祉を提供できなくなった場合にのみ国家が介入します。第三のタイプは「社会民主主義レジーム」あるいは北欧モデル（スウェーデン、ノルウェー、デンマークなど）で、脱商品化のレベルはもっとも高く、また家族福祉というかたちで女性が負担をしいられないよう、個人を単位として、社会全体でリスクを公平に負担しようとします。

　日本は、この類型にうまく当てはまらず、先に述べた企業福祉への依存はもともとアメリカで発展した（その後急速に衰えたものの）「自由主義レジーム」の要素であり、また家族への依存性の高さは「保守主義レジーム」と共通していて、両者の混合であるとされています。ただし別の類型として、「家族主義的レジーム」、南欧・東アジアモデルを想定可能だとする議論もあります。

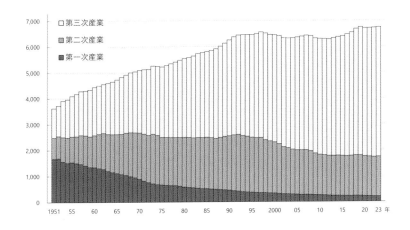

図 5-3　産業別就業者数の推移
出典：独立行政法人労働政策研究・研修機構
https://www.jil.go.jp/kokunai/statistics/timeseries/html/g0204.html

　さて、工業化の急激な進展にともなって、雇用労働者も急増していきます。まずは、産業別の就業者数をみてみましょう（図5-3）。1951年には、全体の46.1パーセント（1,668万人）を第一次産業従事者が占めていましたが、その後急速に減少し、1960年には30.2パーセント（1,340万人）、1970年には17.4パーセント（886万人）まで減少しています。それに比べて、第二次産業は、1956年に1,000万人を突破、1961年には第一次産業を上回り（1,323万人）、90年代までは一貫して増加しています。さらに第三次産業はすでに1955年には第一次産業を上回り（1,557万人）、1964年には2,000万人を突破、今日まで一貫して増加しています。

　第一次産業の急速な減少にともなって、雇用従業者は1950年には35.4パーセント（1,265万人）でしたが、1960年には53.4パーセント（2,370万人）、1970年には64.9パーセント（3,306万人）まで増加してい

ます（図5-4）。

　このような産業別および就業上の地位の変化は、地方の農村から都市への大量の人口移動をともなっています。地域別人口の推移をみると、三大都市圏の人口比率は、1950年の34.7パーセント（約2,921万人）から、1965年には43.3パーセント（約4,293万人）、1975年には47.6パーセント（約5,323万人）へと急増していることがわかります（図5-5）。また、人口の地域間移動についてみると、1955年から1975年にかけて、三大都市圏の転入超過とそれ以外の地方圏の転出超過がみごとに対応していることも見てとれます（図5-6）。

　ここから、多くのひとびとが地方圏から三大都市圏へと移動し、第二次あるいは第三次産業の雇用労働者として働くようになったことがわかります。かれらの生活形態はどのようなものであったのでしょう

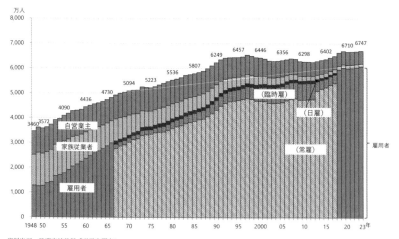

資料出所　総務省統計局「労働力調査」
注 現在と比較可能な雇用者の内訳の統計は1967年以降
　　また、2013年以降は、2013年1月分調査からの調査票変更に伴う断層がある。
　　臨時雇は1か月以上1年以内の期間を定めて雇われている者、日雇は日々又は1か月未満の契約で雇われている者、常雇は左以外及び役員

図5-4　従業上の地位別就業者数
出典：独立行政法人労働政策研究・研修機構
https://www.jil.go.jp/kokunai/statistics/timeseries/html/g0202_02.html

第 5 章　福祉国家とフォーディズム体制

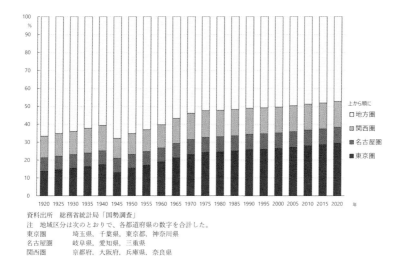

資料出所　総務省統計局「国勢調査」
注　地域区分は次のとおりで、各都道府県の数字を合計した。
東京圏　　　埼玉県, 千葉県, 東京都, 神奈川県
名古屋圏　　岐阜県, 愛知県, 三重県
関西圏　　　京都府, 大阪府, 兵庫県, 奈良県
地方圏　　　上記以外

図 5-5　地域別人口の推移（構成比）
出典：独立行政法人労働政策研究・研修機構
https://www.jil.go.jp/kokunai/statistics/timeseries/html/g0102.html

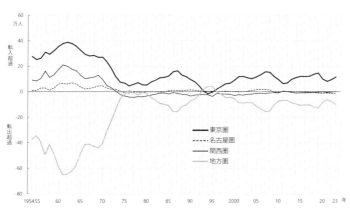

資料出所　総務省統計局「住民基本台帳人口移動報告」
注1　日本人移動者
注2　地域区分は次のとおりで、各都道府県の数字を合計した。
東京圏　　　埼玉県, 千葉県, 東京都, 神奈川県
名古屋圏　　岐阜県, 愛知県, 三重県
関西圏　　　京都府, 大阪府, 兵庫県, 奈良県
地方圏　　　上記以外

図 5-6　各地域の転入超過数の推移
出典：独立行政法人労働政策研究・研修機構
https://www.jil.go.jp/kokunai/statistics/timeseries/html/g0103.html

119

か。家族の形態は基本的に「核家族」、つまり夫婦とその子どもから成る家族で、1955年で世帯総数(約1,672万世帯)の59.6パーセント、1975年で世帯総数(約2,697万世帯)の63.9パーセントを占めています。ちなみにこの間、核家族の比率はやや増えてはいますが、他方で「核家族以外の世帯」(主に三世代を含む「拡大家族」)の実数も若干増えています。核家族の比率がやや増えているのは、この世代(1925-50年生まれ)の人口が多く、たんに跡継ぎ以外の独立する子どもが多かったためではないか、つまりかならずしも拡大家族が減少して、その分核家族が増加したというわけではないと言われています(落合2019)。

　ところで、農業従事者や自営業者の場合には、少なくとも夫婦が協力しながら仕事をすることが多かったので、妻も「家族従業者」となるため、仕事をしている比率が高くなります。それに対して、雇用従業者の場合には、そのような可能性はなくなります。夫婦は基本的に別々に雇用従業者となるか、あるいは一方(ほとんどは夫たる男性)が雇用従業者となり、他方(ほとんどは妻たる女性)が「主婦」として、家事労働(育児やときには高齢者の介護なども含む)に専念するという性別役割分業が急速に広がっていきました。もちろん、「M字型カーブ」(図5-7)と呼ばれるように、結婚や育児ののちに、再び仕事に就く(多くの場合はパートタイム労働でしたが)ことも多く、基本的に女性の労働力率は、ある程度一定しているのですが、少なくとも大企業を中心として、このような仕事と家族の関係(性別役割分業)が、理想的/標準的なあり方とされたことは間違いないと言ってよいでしょう。夫は企業で長時間労働、妻は家事労働にはげみ、さらに言えば、子どもは学校で勉強と進学準備に余念がない、というかたちがまさに理想的/標準的なライフスタイルとされていきました。

　したがって、大量生産と大量消費の循環のシステムとしてのフォーディズム体制は、夫が企業で大量生産にはげみ、妻は家事一般を取り

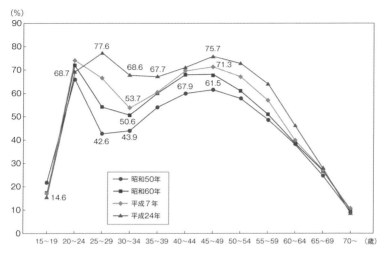

図 5-7　女性の年齢階級別労働力率の推移
出典：内閣府男女共同参画局
https://www.gender.go.jp/about_danjo/whitepaper/h25/zentai/html/zuhyo/zuhyo01-02-01.html

仕切り、大量消費の担い手となるというかたちで、この時期の家族のあり方とみごとに重なり合っていたということができると思います。その意味では「労働者が消費者になる」という言い方よりも、「労働者（夫）と消費者（妻と子ども）が家族という基本的単位をつくる」社会といった方が精確なのかもしれません。もちろん「妻と子」は、たんなる消費者であったわけではなく、すでに述べたそれぞれの「シャドーワーク」にはげむことで、この循環を支えていたことを忘れてはいけません。

参考文献

Daniel Defert, "'Popular Life' and Insurance Technology", G. Burchell, C. Gordon and P. Miller eds., *The Foucault Effect*, Harvester Wheatsheaf (1991).
マルクス／エンゲルス『共産党宣言』岩波文庫（1971）
岩井克人『貨幣論』ちくま学芸文庫（1998）
佐伯啓思『ケインズの予言』PHP新書（1999）
ウィリアム・ベヴァリッジ『ベヴァリッジ報告』法律文化社（2014）
ミシェル・フーコー『性の歴史Ⅰ 知への意志』新潮社（1986）
マイケル・マン『ソーシャルパワーⅠ・Ⅱ』NTT出版（2002-2005）
ミシェル・フーコー『社会は防衛しなければならない』筑摩書房（2007a）
――――『監獄の誕生』新潮社（1977）
田中耕一『社会学的思考の歴史』関西学院大学出版会（2021）
ジョン・グラント『死亡表に関する自然的および政治的諸観察』栗田出版会（1968：原著1662/1676）
ミシェル・フーコー『安全・領土・人口』筑摩書房（2007b）
アントニオ・グラムシ『ノート22 アメリカニズムとフォーディズム』同時代社（2006）
ロベール・ボワイエ『レギュラシオン理論』藤原書店（1990）
ロバート・レイシー『フォード（上・下）』新潮文庫（1989）
栗木安延『[改訂版] アメリカ自動車産業の労使関係』社会評論社（1999）
S. M. ジャコービー『社会荘園制』北海道大学図書刊行会（1999）
内閣府HP（経済社会総合研究所／消費動向調査／主要耐久消費財等の普及率）https://www.esri.cao.go.jp/jp/stat/shouhi/0403fukyuritsu.xls （2024.8.10閲覧）
独立行政法人労働政策研究・研修機構HP（早わかり グラフでみる長期労働統計／Ⅳ賃金 図1 賃金）https://www.jil.go.jp/kokunai/statistics/timeseries/html/g0401.html （2024.8.10閲覧）
鍾家新『日本型福祉国家の形成と「十五年戦争」』ミネルヴァ書房（1998）
橘木俊詔『安心の社会保障改革』東洋経済新報社（2010）
小熊英二『日本社会のしくみ』講談社現代新書（2019）
G. エスピン‐アンデルセン『福祉資本主義の三つの世界』ミネルヴァ書房（2001）
落合恵美子『21世紀家族へ（第4版）』有斐閣選書（2019）

第**6**章

ポスト「社会」の時代へ
―― 社会の「市場」化と個人の「企業」化 ――

1 社会的自由主義の終焉

　20世紀、とくに第二次世界大戦後の先進資本主義国では、大量生産と大量消費の循環のシステムであるフォーディズム体制と、それを支える福祉国家――「福祉レジーム」と言った方がよいかもしれません――の二つをいわば両輪として、安定した経済発展の軌道を描いていたと言ってよいでしょう。それに対応するかたちで、「社会」の組織化も行われたわけで、その土台となったのは、性別役割分業にもとづいた「近代家族」と呼ばれる家族のあり方、そして子どもたちを教育し、有能な労働力として経済活動に動員していくための学校制度、さらに労働者たちを組織していく企業という、三つの大きな要素（中間集団）のあいだの連関であったということになります（本田 2014）（図6-1）。さらに言えば、郊外という空間では、そうした家族たちの集まる無機質な空間が、団地やニュータウンと称して開発されていったことも忘れてはいけません（三浦 1999）。つまり、ひとびとは近代的な中間集団とその連関によって強く組織化され、生産と労働そして消費の循環であるフォーディズム体制へ強力に動員されていったわけです。それと同時に、中間集団を媒介、中継点として、諸個人は全体（社会）が求める行動を遂行できる「自然な能力」を引き出され、

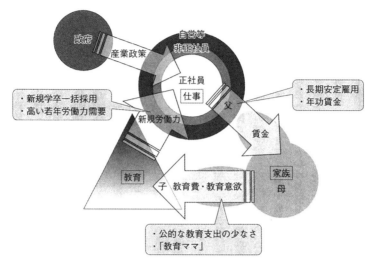

図 6-1 戦後日本社会の循環モデル
出典：本田由紀（2014）p.15

増大させられることによって、自ら行動する「主体」になっていきました。それによってひとびとは、フォーディズム的な循環のなかに、まさに主体的に参画し、その循環を支えてきたことになります。

　もちろんこのような見方があまりに表面的で、現実の多様性をおおい隠し、「標準的」とか「典型的」とされる生活や生き方のイメージを肥大化させてしまうことには、注意しておかなければなりません。たとえば、1950年代生まれで「正社員になり定年まで勤めあげる」というライフコースを歩んだひとは、男性にかぎっても34パーセントに過ぎないと言われています（経産省若手プロジェクト 2017：9）。ちなみに、小熊（2019）は現代日本のひとびとの生き方を「大企業型」「地元型」「残余型」に類型化し、それぞれの比率を26パーセント、36パーセント、38パーセントと推計しています。したがって高度経済成長期においても現代においても、「標準的」であるかのようなライフス

タイルはむしろ少数派で、地域社会に深く根を下ろした生き方をするひとびとはかなりの数にのぼっていますし、長期雇用についても、あくまで大企業が中心であり、中小企業の置かれた条件はもっともっときびしいものであった（ある）と言えます。

　しかしながら、「標準的」とか「典型的」とされる生活や生き方のイメージを肥大化させること自体が、何かこの時代そのもののなかに組み込まれた増幅の装置であったようにも思われます。それはたしかに現実の多様性や矛盾のようなものをおおい隠すイデオロギー装置でもありますが、それだけではなく、現実にひとびとをその「標準的」とか「典型的」とされる生活や生き方へと（まさに「理想的な」生き方として）強力に導いていく、そういう現実的な力をもった駆動装置でもあったのだと思います。

　ところで、このようなそれぞれの国民経済の成長を可能にしたのは、いったい何だったのかを思い出しておきましょう。きわめて単純化すれば、資本が国内で循環的に投資へと向かうためには、資本が（第5章の「恐慌」のところで述べたように）過剰に金融市場に流れたり、国外に「逃避」したりするのを防止しなければなりません。金融市場は金利政策でコントロールし、国外への資本移動を制限する、つまりは資本の動きを制約して、国内の投資へと向かわせるということです。財政政策はさらにそれをあと押しする。それこそが、あのケインズが探し出した、20世紀の資本主義の根本的条件だったわけです。

　それは、基軸通貨たるドルの金との交換にもとづいて、（金と各国の通貨の交換比率ではなく）ドルと各国の通貨の交換比率（為替相場）を固定する、変則的な金本位制とでもいうようなものでした。たしかに金本位制に由来する固定相場制は、基本的にそれ自体が資本（とくに短期的投機的資金）の移動を防止するはずで、資本移動の法的規制を加えることで、資本の自由な動きを縛ることができます。ただ、や

はり変則的ではあれ金本位制であるかぎり、貨幣量が金の量によって制約されてしまうので、経済規模が拡大して貨幣量が増大してくるとバランスが崩れてしまう。それに加えて、1960年代にはアメリカ合衆国の国際収支も悪化して、金の流出が加速したこともあり、ドルの金との交換を停止せざるをえなくなります。1971年の「ニクソン・ショック（ドル・ショック）」です。ドルの力だけで固定相場制を維持することは難しく、為替は変動相場制へと移行。いよいよ、フォーディズムと福祉国家という両輪を支えていた、ケインズ主義的な経済政策、いわゆる「修正資本主義」的な枠組みである社会的自由主義体制が限界を迎えることになります。

　そもそも資本の自由な動きを縛り、国内の産業への投資へ向かわせることが、大量生産と大量消費の循環であるフォーディズム体制の基本的な条件となっていたので、資本の動きが自由になるだけでも、フォーディズム体制を脅かすことになります。ただ、やはり事態を決定的にしたのは、1973年の第四次中東戦争をきっかけとした「（第一次）オイルショック」、つまりOPEC（石油輸出国機構）による原油価格の大幅な引き上げと原油の段階的減産であったことは間違いありません。原油の公示価格は、1973年に約4倍に、さらに1979年（第二次オイルショック）から3年間で約3倍に急上昇しました。

　それによって、石油への依存度を高めていた先進資本主義諸国の経済は、まさに安価な石油に依存した（砂上ならぬ）「油上の楼閣」であったことが明らかになってしまいます。それまでの国民経済の発展、大量生産と大量消費の循環による経済成長は、じつは原油の価格を安く抑え込むという外的な条件（それを支えていたのは「メジャーズMajors」と呼ばれる、アメリカ系やイギリス系を中心とした7社（現在は5社）からなる国際石油資本でした）に依存していたことがあらわになりました。したがって先進資本主義国のフォーディズム体制は、それを

いわば外側から支える国際的金融体制（ブレトン・ウッズ体制）という枠組みの点からも、そして大規模な工業生産プロセスに直接必要とされる資源としての石油という点からも、二重に大きな打撃を被り、変容を余儀なくされていきます。

　まずは、原油の大幅値上げにともなう激しいインフレーションがおそいます。多くの先進資本主義国では、2度のオイルショックに際して、10パーセントを超えるインフレ率を記録しました（ちなみに日本では1974年に20パーセントを超える「狂乱物価」を経験します）し、それに加えて経済成長率もまたマイナスを記録します。それにともなって税収もまた減少し、国家財政も苦しくなっていきます。一方で、経済が停滞し失業率が上昇しますが、他方でインフレが止まらないという「スタグフレーション」に悩まされます。

　こうしたなかで、イギリスでは、サッチャー Margaret Thatcher 政権（1979-90年）によって、そしてアメリカ合衆国では、レーガン Ronald Reagan 政権（1981-89年）によって、一般に「新自由主義 neoliberalism」と呼ばれる立場にたつ、大きな政策転換が実行されていきます。すでに見てきたように、先進資本主義国では、かつて（とくに19世紀後半以降）世界規模の市場経済の広がりと資本の自由な動きのなかで、国民経済のありようが大きく左右され、周期的な恐慌と失業者の急増による社会不安に悩まされました。それはさらにブロック経済化による国家間の対立から世界戦争にまでつながってしまいました。そうした経験をふまえて、グローバルな資本の動きに制限をかけて、資本を国内の投資に向け、さらにその不足は公共投資で補いながら国民経済に正の循環をつくり出していくこと、すなわちフォーディズム的な大量生産と大量消費の循環をつくることを目指し、さらに福祉国家がそれを支えていこうとしたわけです。

　つまり、安定的で平等主義的な経済発展のために、資本の動きや市

場のはたらきに規制や制限を加えることで、完全雇用を実現させ、安定的で平等な社会を実現しようとしたわけで、その意味では資本や市場のもつポテンシャルを最大限に発揮することはできなかったと言ってもよいでしょう。たしかに余裕があるうちは、それでもよかったのかもしれません。しかしだんだんその余裕がなくなってくると、完全雇用という目標は放棄され（失業率は長期的には「自然失業率」に落ち着くはずなのだから）、インフレを抑え価格を安定させることが第一目標になります。高金利政策がとられるとともに、政府の財政支出は削減され、小さな政府が理想とされます。福祉国家などとんでもありません。

サッチャーの「社会などというものはありません There is no such thing as society」という、あまりに有名になった表現を含むつぎのような発言は、いわゆる社会的な政策（社会保障や社会福祉を通した平等主義的な政策）を縮小し、自助と自立を要求する、当時の雰囲気を的確に表現しています。

> みんな［仕事とか、住居とか］何か問題があると、それを社会のせいにします。でも、社会などというものはありません。個々の男と女、そして家族がいるだけです。政府に何かできるとしても、それはひとびとによってでしかありませんし、だからひとびとはまずは自分自身を当てにしなければなりません。自分自身の面倒をみること、それから隣人たちの面倒をみること、それはわたしたちの義務なのです。(Thatcher 1987)

このようにして、これまでのケインズ主義的な政策とは、まさに正反対の政策がつぎつぎと現実のものとなっていきました。では、この新自由主義とは、いったいどのような思想であり政策であったので

しょうか。たしかにそれは、ある意味で19世紀的な「自由放任主義 laissez-faire」の再来のようにも見えるのですが、精確に言えば、それにとどまらない大きな変革を含んでいると考えなければなりません。

2 自由主義の変遷と「新自由主義 neoliberalism」の誕生

アダム・スミスに代表される18世紀の政治経済学が注目したのは、「市場」にもとづいたひとびとの自由で自律的な活動の領域、あるいはその「自然な natural」秩序でした——それがしだいに「社会」と呼ばれていきます(第3章)。17世紀以来、(絶対主義)国家は、のちに「社会」と呼ばれることになる、ひとびとの関係と活動の総体に対して強い関心をもち、介入や統制やはたまた支援をしていこうとします。それは商工業を、そして資本主義を発展させることで、国力の増大を目指していたからでした。だがしかし、どうもうまくはいきません。それは、古い「中間的勢力」の力が依然として強かったからでもありますが、では新しく生まれつつあった「社会」はどうかと言えば、それはそれで「市場」という独自の原理にもとづいた自律的な活動領域として現れてくるので、やはり国家／政府の思い通りにはいきません(あの食糧難の事例を思い出してください)。

新しく生まれつつある「社会」に深く埋め込まれ、ひとびとの関係と活動を組織化している原理、それこそが「市場(原理)」でした。したがって「社会」はひとびとが「市場」という交換の場でつくりだす(国家に強制されない)自由で自律的で、したがって自ずから生じる／自発的 (spontaneous) という意味で「自然な」秩序そのものだとされました。国家／政府がそれを無視して、直接に介入したり統制したりしようとしても到底うまくはいきません。ここに、「自由主義 liberalism」と呼ばれる立場、それは同時に「自然主義 naturalism」であるような

立場が誕生していきます。

　もちろん、スミスは「市場（原理）」とそれが埋め込まれている「社会」を一緒にしているわけではありません。むしろ市場で決まる（商品の）「市場価格」と、「社会」で決まる（商品の生産要素の「自然な」費用の合計たる）「自然価格」をはっきりと区別しています。さらに言えば、いわゆる市場メカニズムについても、「市場価格は自然価格に引きつけられる」という独特の言い回しをします。つまり、市場メカニズムはあくまで「社会」のなかに埋め込まれている――だから「市場価格」は「社会」で決まる「自然価格」に引きつけられる、という言い方になる。そういう意味で、たしかに「市場」は「社会」の「自然」そのものではないけれど、それでもやはりそれに「引きつけられ」、それに近づいていく。市場メカニズムとは、たんに需給のバランスではなくて、というかそのバランスを通して「自然な」価格という「自然性」に重なり合っていくといってもよいでしょう。

　ところが、その後19世紀になると、このような市場と「社会」との関係は、大きく変容していきます。市場が「社会」に埋め込まれ、そこに「自然な」秩序があった時代はしだいに過去のものとなり、反対に市場が「社会」を飲み込んでいきます。第4章で見た、ポランニーの「悪魔のひき臼」を思い出しましょう。かれの表現にしたがえば、土地、労働そして貨幣が「擬制商品 fictious commodities」（商品として生産されていないものをあたかも商品とみなすこと）として市場に取り込まれていきます。いつのまにか、市場が「社会」に包囲され、埋め込まれているのではなく、反対に「社会」の方が市場に包囲され、埋め込まれていきます。市場は、「社会」を通して「自然価格」に引きつけられるのではなく、端的に「自然価格」をつくり出すと言ってもよいかもしれません。

　このような逆転によって現れてくるのが、20世紀になって（第5章

でみた）ケインズが直面した問題、そこから新しい経済学とそれにもとづいた戦後世界の基本枠組みが生み出されてきた問題にほかなりません。それは、地球規模での資本と市場経済の全面展開、あるいはまさに資本と市場の暴走と言ってよいでしょう。市場に一定の枠組みを与え、制約していくことができるのは、もはや「社会」のうしろ盾となった「国家」しかありません。それこそがケインズ主義であり、そこから生まれるのが「社会的自由主義」です。「自然」な社会による包囲と埋め込みは、いまや国家によるさまざまな規制や介入にとって代わっていきます。市場経済が生み出すさまざまな社会的なリスク（もっともわかりやすいのが、恐慌と失業による社会不安でしょう）を補償するために、国家が経済活動に介入していきます。

　このような自由主義のケインズ主義的な変貌に対して異を唱えたのが、「新自由主義 neoliberalism」にほかなりません。ここではミシェル・フーコー（2008）の秀逸な議論をフォローしながら、詳しく見ていきましょう。その原型は 1930 年代のドイツ（フライブルク Freiburg 大学）で、オイケン Walter Eucken（1891-1950）を中心に始まった「オルド自由主義 Ordoliberalismus」（Ordo はラテン語で「秩序」を意味します）と名づけられた経済思想の展開にさかのぼることができるとされます。かれらは、戦後西ドイツの経済政策に強い影響力を発揮し――フランツ・ベーム Franz Böhm（1895-1977）やアルフレート・ミュラー＝アルマック Alfred Müller-Armack（1901-78）などが有名――、またかれらと密接な関係にあったフリードリッヒ・ハイエク Friedrich August von Hayek（1899-1992）は、アメリカ合衆国（シカゴ大学）で新自由主義の拠点をつくり、そこから新自由主義のもうひとりの指導者であるミルトン・フリードマン Milton Friedman（1912-2006）が出ています。

3　新自由主義の源流としての「オルド自由主義」

「オルド自由主義」と呼ばれる思想を考えるときに、まず注意しなければならないのは、かれらがけっして、一方に自由で自然な秩序たる市場、他方に規制を課し介入しようとする国家（の統治）という、二つのそれぞれ独立した領域のようなものを想定してはいないということです。したがって、かれらの主張は、自由で自然な市場を国家の統治から守るという、素朴な「自由放任」とでも呼びうる主張とは、基本的に相容れません。かれらは、そもそも市場における秩序というものが、素朴に「自然なもの」としてあるのではなく、もともと国家（あるいは政治的な共同体）の統治に相関してあらわれる何ものかであるということをよくわかっている。たとえば市場の秩序は、歴史的に見ても、国家の統治が一定の条件（暴力の排除は言うにおよばず、所有や契約、通貨や銀行などの諸制度を定めた法的な枠組み）を整えることによって、はじめて「自然なもの」としてあらわれてくるものだということ、このことをかれらは十分に理解しています。どんな場合でも、「自然なもの」とは、文字通りそのままで与えられるものではなく、それを見い出したり、育てたりしようとする営みに対して現れてくるものでしかないということに注意しなければなりません。

このような主張は、かれらが戦後西ドイツで重要な役割をはたした理由のひとつとされています。オルド自由主義者たちが戦後の西ドイツの政治状況のなかで強い影響力をもちえた背景として、敗戦後の国家再建のなかで、それまでの国家（ナチス国家）とはいかなる意味でも非連続な新しい国家を基礎づけ、正当化することができるような自由主義的な経済のあり方が求められていたと言われています。かれらの主張は、すでに見たように、素朴な意味で国家から自由な市場経済を

想定するのではなく、自由な市場経済を支えるためにこそ国家が必要だとするものです（だから「オルド／秩序」自由主義なわけです）。したがって、まずは国家の再建ありきではなく、経済を復興し発展させるため、そのかぎりで国家の再建が必要だということになります。経済こそが、敗戦によって未だ存在せず、これから存在するはずの国家を基礎づける。新しい国家は、そのかぎりで存在を正当化されるということです。もう少し違う表現をするなら、あのような敗戦によって国家の正当性が奪われた以上、何か根本的な意味で経済にもとづいた国家、経済のためにある国家、経済を発展させるかぎりでの国家のようなものを築く必要があったということです。

　その意味では、当然ですが、当時の西ドイツが置かれていた状況は、日本が置かれていた状況と共通しています。日本と西ドイツは、戦後ともに「奇跡の経済復興」をとげ、その意味でまさに経済にもとづいた国家の構築に成功することになります。ただし、日本の場合は、第5章で見たように、むしろ戦時中の総力戦体制を引き継ぐかたちで戦後の経済発展を進め、国家の正当性という問題に正面から向き合わなかったということも指摘しておくべきでしょう。

　では、オルド自由主義のもっとも基本的な考えはいったい何なのでしょうか。それは、まずは市場なるものの原理を何に求めるかという、きわめて根本的な問題にかかわっています。結論から言えば、オルド自由主義者たちが市場の原理と考えるのは、かつてのような「交換」ではなく「競争 competition」にほかなりません。

　ふたたびアダム・スミスにまでさかのぼれば、市場とは等価物の交換の場、あるいは交換によって等価性をつくり出す場であったと言ってよいでしょう。しかもそれは、かならずしも商品の交換には限定されない広がりをもっている。というか、市場での商品の交換を可能にしているのは、最終的には、かれが道徳哲学の文脈で論じた「同感

／共感 sympathy」、つまりひとびとの立場の「交換」にほかならない（スミス 2013）。だからこそ、市場は「社会」に埋め込まれ、市場と「社会」は連続するものであったし、市場も「社会」も、自由に自然に生まれてくるものであったわけです。それこそが、あの「レッセフェール laissez-faire（自由放任）」思想のもととなったものです。

　しかしながら産業革命／工業化の進展とともに、それまでひとびとの関係を調整してきた市場の役割は大きく変容していきます。たしかに市場で取り引きされる商品は、交換関係の結び目として、ひとびとの関係を組織化している。しかしながらいまや商品は、しだいに大規模で複雑な生産過程を通して市場にもたらされるようになり、したがって生産者（企業家）どうしの「競争」という問題が市場にとってきわめて重要な要素として浮上してきます。企業家ばかりではありません。労働者もまた労働市場で労働力という商品をめぐって、互いに「競争」を余儀なくされていきます。19世紀を通して、しだいに市場は「交換」の場というよりも「競争」の場と考えられるようになっていきます。市場は、等価な交換（需要と供給の均衡）を通して、ひとびとに利益をもたらす均衡と平等化の秩序から、苛烈な「競争」とその結果として生じる勝者と敗者という不均衡と不平等を生み出す秩序へと、その相貌を変えていきます。たぶんそれは、（第5章で見た）ポランニーの「悪魔のひき臼」を別の角度から見たものだと言えるでしょう。「社会」に埋め込まれていた「市場」がその姿を変え、「社会」を壊し始めたのですから。

　ところが、競争原理にもとづいた市場経済は、19世紀末から20世紀の前半にかけて大きな危機を迎えます。この時代は、先進資本主義諸国が資本主義の不安定性を回避すべく、植民地を求め、相互に軍事的な衝突へと向かっていく「帝国主義 imperialism」の時代です。先進資本主義諸国の市場経済は、一部の独占的大企業によって支配され、

大企業は国家と結びついて、国家の力を背景として世界へと進出していきます。市場における自由な「競争」は失速します。他方で、労働運動、社会主義運動が急速に拡大し、労働者の賃金と生活を共同して守るようになっていきます。それは市場における競争や独占を語ることばで表現するなら、労働組合が労働市場における競争を失速させ、商品である労働力を独占するものであるということになります。

　自由主義の立場から見れば、このような市場原理たる「競争」の失速は、それが資本主義の側からのものであれ、あるいはそれに反対する（社会主義の）側からのものであれ、まさに自由主義の危機以外の何ものでもありませんでした。しかしながら、当時それは何か避け難い必然性のようなものと考えられていたことも事実だと思います。それは資本主義に反対する立場からだけではなく、むしろ資本主義を擁護しようとする立場からも含めてです。たとえばシュンペーター Joseph Alois Schumpeter（1883-1950）は、イノベーション（技術革新）にもとづく「創造的な破壊 creative destruction」（新しい商品、生産方法、組織などの創造により旧いものを破壊すること）こそが資本主義の本態であるとし、完全「競争」を理想視することに疑問を投げかけます。なぜなら（独占的な）大企業のイノベーション（技術革新）を生み出す力を評価しようとするからです（シュンペーター 2016）。いまや、自由な「競争」的市場にもとづいた資本主義経済の限界が語られ、社会主義やはたまた全体主義への道が現実味を帯びていました。

　そうしたなかで、オルド自由主義が、市場の原理を「競争」に見ること、そして自由主義の危機をまさにこの「競争」の危機に見ること、これはたしかにかれらの主張にとってきわめて重要であるには違いありません。それでもこの主張そのものは、当時の（自由放任を信奉する古典的な）自由主義者たちにも共通するものであり、精確に言えば、オルド自由主義を真に特徴づけているものではありません。オルド自

由主義を本当に特徴づけているものは、やはり本節の冒頭で述べたこと——つまり市場とその原理である「競争」を守るためには、市場へのあらゆる介入を阻止して「自由放任」を実現しさえすればよいなどと、けっして考えてはいけないということにほかなりません。

　ちょっとわかりにくいのですが、一方で市場原理とは「競争」であると言いながら、かといって競争それ自体が何か自然なもの、所与のものであるとは言えないとされます。放っておけば、自然に競争がはたらくというわけではない。しかも他方で、かといって競争は自らを排除し独占が市場の自然で必然的な運命であるという主張に対しても強く反対します。つまり、競争は自然に維持されるわけではないが、だからといって競争が自然に壊れていくわけでもない——どう見ても矛盾しているように思えますが、そうではありません。かれらは、市場で競争がはたらくにせよ、はたまた競争が失速して独占が支配するにせよ、それは徹頭徹尾、市場を取り巻いている諸条件、とりわけ統治の力に左右されると言っているのです。もはや市場は、独自の、自律的な領域ではありません。市場の自由はつねに統治の力と相関している、それと切り離すことはできないということです。自由主義を特徴づけてきた「自然性のイデオロギー」は、もはや通用しません。

　競争ばかりでなく、市場のはたらき、そして自由そのものさえもが、統治によってつくられた制度なのだと考えなければなりません。あらかじめそこにあり、たんに守るべき自然なものではないのです。したがって、新自由主義者たちはけっして認めないかもしれませんが、自助、自立そして自己責任というかれらのスローガンもまた、まったく自然なものでもあたりまえのものでもありません。それはあくまで自由をつくり出すひとつの仕方、（統治によって実現される）ひとつの制度に過ぎません。

　だからこそ、かれらが徹底的にこだわるのは、市場外的なあるいは

市場を取り囲んでいる諸条件、市場の「枠組み」あるいは「環境」、さらには（市場が埋め込まれている）「社会」、そして最終的には国家の統治の力ということになります。なぜなら、それらこそが、市場を競争の秩序として維持することができるかどうかを左右するからです。市場が市場として機能するためには、それ自身だけでは不十分であり、その枠組み、環境、社会そして国家が決定的に重要なのです。

　自由で競争的な市場秩序にとって、統治の力、国家の介入は決定的に重要です。しかし国家は市場に介入するのではありません。それではケインズ主義と同じになってしまう。そうではなくて、国家は市場の「環境」であり「枠組み」である「社会」に介入しなければなりません。市場の競争秩序がうまく機能するように、「社会」そのものを競争秩・序・と・し・て・組・織・し・な・け・れ・ば・な・ら・な・い・のです。それはたしかに国家による介入ですが、もはや国家は媒介に過ぎません。「社会」に介入しているのは、市場そのものです。かつて（ケインズ主義の時代）、国家は「社会」のうしろ盾として市場に介入したのですが、いまや国家は市場のうしろ盾として「社会」に介入しているのです。「社・会・」と市場の関係・は・、・ま・っ・た・く・逆・転・し・て・し・ま・っ・た・。

　ここに見られる「社会」と市場の関係の逆転は、やはりかつてポランニーが見ていたものの延長と言ってよいと思います。たしかにかれが述べたとおり、もともと市場は「社会」に埋め込まれていたが、資本主義の発展とともにそれが逆転し、市場は「社会」を破壊し、あたかも「社会」が市場に埋め込まれているかのようになってしまった。しかしながら、そこで問題とされていたのは、市場による「社会」の破壊であり、あるいはそれに対する「社会」の自己防衛でした。それに対して、ここでオルド自由主義者が主張しているのは、市場が「社会」を破壊してしまっては元も子もないのであって、「社会」を破壊するのではなくて、むしろ「社会」を市場に都合よく組織化しなければ

ならないということです。もちろんそれは、かつての「交換」の体系としてではなく「競争」の体系としてです。「社会」を壊すのではなく（まあたしかに壊してはいるのですが）、競争原理にもとづいて（再）組織化する、つまり「社会」を市場のようなものにするということです。そう、それはまさしく社会の「市場」化にほかなりません。

4　社会の「市場」化と個人の「企業」化

　では、「社会」を競争によって組織化する、社会を「市場」化するというのは、いったいどういうことなのでしょうか。社会を「市場」のようなものと考えれば、社会の単位である「個人」はまさに「企業 enterprise」でなければなりません。したがってポイントは、その基本単位が「企業」の形式をもつような「社会」の骨組みを構成することなのです。では、ひとりひとりの個人が「企業」になるというのは、どういうことなのでしょうか。どう考えても、それはそんなに簡単なことではありません。というのも、企業であるからには資本がなければならない。資本がなければ、投資も生産もできないので、利潤つまり収益も生まれません。資本とは、基本的に（投資される）貨幣、つまりお金です。たしかにわたしたちは、日々の生活のために何がしかのお金はもっているはずですが、それを投資にまわして回収できないようなことがあれば生活に困る。だから普通は、多少のお金はあったとしても、それを投資にまわしたり、ましてやそれを資本として起業するのは容易ではない。だから、わたしたちは労働力を売って、賃金を得ています。それなのに、いったいどうやって「企業」になることなどできるのでしょうか。

　新自由主義者で経済学のシカゴ学派の重鎮であるゲーリー・ベッカー Gary Stanley Becker（1930-2014）は、ここでわたしたちに（多分

第 6 章　ポスト「社会」の時代へ

つぎのように）ささやきかけます。「資本をもっていないですって？いやいや、みなさんもまた立派な資本をもっているではないですか。みなさんがこれまで培ってきた『能力』こそが、みなさんにとっての資本（まさに『人的資本 human capital』と呼ばれる）なのであって、みなさんはすでに立派な資本家にほかならないのです」と。何かどうもおだてられているような感じで気持ち悪いのですが、これはまだほんの序の口です。ベッカーはさらに（多分つぎのように）たたみかけます。「賃金などという言い方はどうも古臭いし、労働力という商品を売っているなどというのも、どうも身を売っているようで誤解を招く」。まあ、たしかにそう言われれば、……。「みなさんは労働力を売っているのではなくて、『能力資本』を投資していると考えなければなりません。賃金とは所得であって、能力資本の投資によって得られる収益にほかならない」。んー、そこまで言われると、……。能力は資本であるなどという話から始まって、とうとう賃金が資本収益だなんて、ちょっとめちゃくちゃな感じもするのですが、かれらはまったく本気です。何やらどうしても労働者を資本家に仕立てあげないと気が済まないらしい。企業（かつてなら資本家）に雇われる、しがない労働者だったはずのわたしたちが、いつのまにやらじつは資本家だったなんて、「何てすごい」などと喜んではいけません ── それではかれらの思うつぼです。いったいどうやって、しがない労働者は急に資本家に出世して（仕立て上げられて）しまったのでしょうか。どこにその秘密があるのでしょうか。

　普通は、個人は労働者であるかぎり、自らの労働力を商品として資本家（企業）に売り、その対価として賃金を得るとみなされてきました。ベッカーらの新自由主義者はこの現実というか、このように理解されてきた現実を、あくまで労働者本人の視点から、あるいは労働者を能動的な経済的主体、つまり「企業」として、いわば読み替えて

139

いこうとします。そこで問題となるのは、労働者が自分の資源（とくに「能力資本」）をいったいどう使用するか、ということです。労働者がもっているものは、「労働力」と呼ぼうが「能力資本」と呼ぼうが基本的には変わりありません。労働者が得る貨幣もまた、「賃金」と呼ぼうが「資本収益」と呼ぼうが基本的には変わりません。「資本収益」と呼んだとたんに、金額が倍増するなどということはない。そういう意味で、ベッカーの言い方はたんなる読み替えに過ぎないと言えば、読み替えに過ぎない。たしかに社会学でも、ピエール・ブルデューPierre Bourdieu (1930-2002) の「文化資本 Cultural Capital」とか「社会関係資本 Social Capital」とか、いわゆる貨幣資本以外の資本という概念はよく使われますし、それらがさまざまな社会的な差異や格差を生んだり再生産することは事実です（ブルデュー・パスロン 1991）。しかしそれは、少なくともそれによって労働の過程をこれまでとはまったく異なるものへと読み替えてしまうようなものではないと思います。

ですから、たんなる読み替えに過ぎないからといって甘くみてはいけません。少なくともこの読み替えは、じつに広範囲にわたる読み替えにつながっており、なおかつそこから導かれる政治的社会的な帰結は、わたしたちが生きている現実をこれまでとはまったく異なる相貌へと変化させ、その結果として社会的現実のありようを完全にくつがえしてしまうものだからです。実際に、このような現実の掘り崩しは、もうすでにかなり進んでしまっています。それはわたしたちがポスト「社会」の時代と呼ぶものの本態であると言ってもよいでしょう。

労働者は「企業」になるので（個人は企業家／アントレプレナーentrepreneur であり、自分自身の企業家です）、労働組合など想像できないし、所得の平準化を目指すような社会（的）政策 social policy も必要ない。なぜならそれは競争と不平等の「社会」とは相容れないからです。さらに言えば、さまざまなリスクへの対応は、基本的にそれ

ぞれの「企業」(労働者) が自己の裁量の範囲で行うことになる。少なくとも公的な社会保障制度などは必要ないということになるでしょう。そればかりではありません。個人は「企業」であり、「社会」という市場において競争し、収益をあげることを目標としているということになるので、わたしたちが「社会」と呼んでいる関係と活動の領域のなかで、さまざまなものがこのような分析枠組みによってとらえられるようになります。単純な表現をすれば、「社会的」なものは「経済的」なものによって分析され、「社会的」なものと「経済的」なものは関係を逆転していきます ―― 経済は社会の一部ではなく、社会が経済の一部なのです。かれらは、結婚、子どもの教育、さらには犯罪すら、このような観点から分析しようとします。

　結婚や教育はともかく、犯罪を考えるときにも、かれらは犯罪者の視点に立ち、何らかの収益を期待して行動 (この場合は犯罪) に投資し、処罰というリスクを引き受ける個人としてとらえます。つまり、犯罪者もまた、他のあらゆる場合と基本的に同型な合理的な行動を行う主体であると考えるということです。こういう言い方は、あたかも犯罪者の行動を正当化しているようで、それ自体に反感を覚えるかもしれません。ただ、犯罪とそうでない普通の行動があくまで連続していて、質的に異なるわけではないという認識それ自体は、けっして間違ってはいません。ここでもわたしたちは、エミール・デュルケームを思い出すべきでしょう。かれもまた、社会が求める行動と逸脱行動は、まったく正反対で異質なものに見えるが、じつは連続していることを明らかにしました (デュルケーム 1985)。ただし、かれの場合は、両者が同一の社会の道徳的な力のもとにあるということが、その連続性の根拠となっていました。簡単に言えば、同じ道徳的な力 (たとえばエゴイズムやアノミー) によって、ときには正常な行動が、ときには逸脱行動 (この場合は自殺) が引き起こされるということです (詳し

くは田中 2021 の第 4 章を参照）。それに対して、新自由主義者が想定する連続性の根拠は、合理的な行動という範型です。犯罪者もまたあくまで合理的に行動している。そして、その合理性の中核にあるのが「利害関心 interest」です。

　ここで注意しなければならないことは、かれらが持ち出す合理的な行動という範型や、その合理性の中核にあるとされる「利害関心」といったものが、何か特別に新しいものというわけではないということです。それは、よく知られた経済学的なモデル（ホモ・エコノミクス）の一側面に過ぎません。では、何が新しいというのでしょうか。新しいのは、この経済学的なモデルそのものではありません。犯罪はかつてデュルケームが明らかにしたように、「社会」の道徳という傘を通して正常な行動と連続している「社会」的な行動だったはずなのです。そうした「社会」的な行動に対して、新自由主義者たちは、経済学的なモデル、しかも何か特別に新しいわけでもない経済学的なモデルを拡張して、「経済」的に説明しようとしているということ、このことが問題なのです。「社会的」なものが「経済的」なものによって説明される。なぜなら、「社会」はあたかも市場であるかのように組織化されているからです。

　最後に、どうしても述べておかなければならないこと、それは「社会的」な行動に対する「経済的」なモデルの拡張、もう少しもとをたどれば、「社会」の市場化と「個人」の企業化が、はたして統治 government という観点から見たときに、どのような意義をもっているのかということです。ここでの統治とは、他者の行動の可能性にはたらきかけるさまざまな力のことを指していて、それはわたしたちの相互的な関係のなかに充満していますが、それは家族とか、学校とか、企業（職場）とか、最終的には国家／政府といったさまざまな水準で、集合的に焦点化されていると考えることができます。

これまでわたしたちが見てきた「社会」がひとびとの関係と活動の総体であるということの意味は、「社会」がある特定の観点からみたものに制限されないということ、主体のあり方や関係のあり方の多様な側面を含んでいるということにほかなりません。「社会」は、法や権利をはじめ、道徳や倫理、交換や互恵性、そして文化や歴史などの側面を含んでいます。したがってその単位としての「個人」という主体もまた、少なくとも単純な環境への適応に還元されてしまうような経済的な主体でありえない。それにもかかわらず、経済的な主体を特権化していくこと、経済的な主体へと還元していくこと、それは社会を「利害関心」にもとづく適応の主体で満たすことになると言ってよいでしょう。そしてそれは、統治という観点からみれば、きわめて統治しやすく、統治を受け容れやすい主体でしかないということも明らかです。新自由主義は、統治にとってきわめて都合のよい諸主体を大量に生み出しつづけることを可能にしているように見えます。たしかにそれは、新自由主義者たち、あるいはなかでもオルド自由主義の流れをくむ新自由主義者たちだけに当てはまることだという留保はありうるかもしれません──かれらはある種特別なのであって、少なくとも自由主義の源流にさかのぼってみれば、アダム・スミス以来、明らかに統治に対して距離をとってきたとされるからです。しかしこれまで見てきた自由主義の歴史のなかで、たびたび透けて見えていたのは、市場経済（あるいはそれを埋め込んだ「社会」）と国家の統治との対立というよりも、むしろ相互に前提としあうような関係、さらに言えばある種の共犯関係ですらあったような気がします。その意味では、自由主義と統治の関係については、むしろこれまでの通説自体が、何かしら疑われなければならないのかもしれません。

参考文献

本田由紀『社会を結びなおす』岩波ブックレット（2014）
三浦展『「家族」と「幸福」の戦後史』講談社現代新書（1999）
経産省若手プロジェクト『不安な個人、立ちすくむ国家』文藝春秋（2017）
小熊英二『日本社会のしくみ』講談社現代新書（2019）
Margaret Thatcher, Interview for *Woman's Own*（1987）（2024年11月10日取得 https://www.margaretthatcher.org/document/106689）
ミシェル・フーコー『生政治の誕生』筑摩書房（2008）
アダム・スミス『道徳感情論』講談社学術文庫（2013：原著1790）
ヨーゼフ・シュンペーター『資本主義・社会主義・民主主義』日経BP（2016）
ゲーリー・S・ベッカー『人的資本』東洋経済新報社（1976）
ピエール・ブルデュー&ジャン＝クロード・パスロン『再生産』藤原書店（1991）
エミール・デュルケーム『自殺論』中公文庫（1985）
田中耕一『社会学的思考の歴史』関西学院大学出版会（2021）

第7章

ポスト・フォーディズム体制の矛盾
——滑(なめ)らかな「社会」のゆくえ——

1 市場に対する「フレキシビリティ」

　第二次世界大戦後のフォーディズム体制にはどのような限界があり、そしてそれはどのように変容していったのでしょうか。たしかにオイルショックによって、石油にもとづいた経済構造が大打撃を受けて、それまでのような大量生産と大量消費の循環が失調したことは間違いありません。しかしそれ以前から、というかむしろその始まりから、フォーディズム体制は内在的な矛盾を抱えていたというべきかもしれません。

　フォーディズム体制は（第5章第4節で少しだけ触れたように）労働者たちに、テイラー主義にもとづいた効率化された労働（断片化した単調な作業のくり返し）を要求しますが、他方で生産性の上昇に見合った賃金の上昇を保証するという労使間の妥協も成立する。労働者たちは、くり返される単調な作業の見返りとして相対的な高賃金を獲得しますが、もちろんことはそこでは終わりません。労働者は消費者でもあるので、この相対的な高賃金はそのまま消費へと回るわけですが、そこでは大量生産によって規格化され画一化された商品が、今度は相対的に安価な値札と引き換えに消費されていきます。

　もちろん貧困や不平等は依然として問題ではあったものの、豊かさ

の拡大によって、そうした問題がわきに押しやられ、あるいは解決に向かうのではないかと信じられたと言ってよいでしょう。むしろ豊かさの見返りとしての、規格化され画一化された生活のあり方（労働においても消費においても）の方が、しだいに大きな問題としてクローズアップされるようになっていきます。

　そういう意味では、フォーディズム体制の限界は、その元祖たるフォード社の限界、つまりライバルであったGM（ゼネラル・モーターズ General Motors Company）の対抗戦略のなかに、はやくも照らし出されていたと言えるでしょう。GMは、その名称からもうかがわれるように、もともと持株会社（1908年創業）で、いくつもの自動車会社をつぎつぎに買収し、それによって自社の車種構成を多様なものへと拡大していきました。ビュイック（創立以前に買収し再建）から始まり、オールズモビル、キャデラック、オークランド（のちのポンティアック）、さらにシボレーといった具合です。しかもそうした車種構成は、もっともベーシックで大衆的なシボレーから、中間には、若年層向けのスポーティで安価なポンティアック、ファミリー層から中高齢層をターゲットとする保守的な中級ブランドのオールズモビル、さらに中高齢のアッパーミドル向け上級グレードのビュイック、そして最後にもっとも豪華で特別に高級なキャデラックまで、段階的に展開していきます。つまり「すべての人の財布とすべての人の目的に合わせた車の提供」（バチェラー 1998：94）を目指したのです。GM自体は1917年に事業会社へと組織変更しますが、それでも車種ごとに販売網を分け、消費者からはそれぞれ別のメーカー（ブランド）のように見えるような販売戦略を展開していきました。

　つまりGMが目をつけたのは、消費者の属性（年齢とか収入とか）やライフスタイルに応じた多様な欲望であり、それに対応する商品を開発する販売戦略（マーケティング）だったということです。欲望の多

様性に照準する、あるいは精確に言えば、消費者のなかに多様な欲望を創出すること、これが GM の販売戦略の第一の柱だとすれば、もうひとつの柱はつぎつぎと新しい欲望を創出し、消費者の欲望を一定のサイクルで更新させていくということでした。いわば消費者は、自分（の属性やライフスタイル）にあった欲望を割り当てられるだけでなく、その欲望を一定のサイクルで新しくしていかなければならなかったわけです。

　消費者の欲望の更新に寄与したのは、「モデルイヤー」（○○年式）というかたちで、毎年モデルチェンジを行うという方式の採用でした。モデルチェンジによって、旧モデルはつぎつぎに陳腐化されていくので（「計画的陳腐化 planned obsolescence」）、それだけで新しいモデルの需要が刺激され、販売が拡大していくことになります。ただし、毎年のように実質的な、つまり技術革新（イノベーション）にもとづく改良をともなったモデルチェンジが可能なわけではないので、どうしてもモデルチェンジの主眼は視覚デザイン的な側面が重視されるようになります。そしてこの視覚デザイン重視こそが、GM のポリシーとなっていきます。それ以外にも、割賦販売のための会社づくりなど、ともかく販売に力を入れていきます。

　フォード社は何といっても先駆者なので、大量生産方式によって実現した安価で実用的な T 型で、強力に消費者の欲望を刺激・創出することに成功しました。ともかく新しく魅力的な商品を大量生産によって安価に提供するということ、生産の論理がポイントであって、すべてはそこから始まるし、それが強力に市場を、消費者を引っ張っていく。先駆者とはそういうものなのでしょう。それに対して GM は、いったん大きくなった自動車の市場をさらに開拓し、拡大していかなければならない。GM の販売戦略は、いったん飽和したひとびとの欲望に再び火をつけるための戦略だったわけです。たしかにそれ

は販売戦略によってつくり出された欲望には違いありません。しかしそれにもかかわらず、というかだからこそというべきかもしれませんが、あくまで生産を支配し、生産を駆動していくのは、多様化し更新されていく消費者の欲望であり、市場のニーズであるということに注目しなければなりません。なぜなら、生産は多様性と変化を求める市場のニーズに応じて「柔軟（フレキシブル）に」変化していかなければならないからです。

そうした生産の「フレキシビリティ」という点から見ると、生産方式についての本格的な革新が起こるのは、戦後日本の自動車産業の興隆を先導したトヨタ自動車においてでしょう。オイルショック後の日本経済の成功もあり、トヨタの生産方式は、（フォーディズムにならって）「トヨティズム」などと呼ばれたり、その意味で（少なくとも生産方式としての）ポスト・フォーディズムの本流のように言われ、もてはやされた時期もありました。トヨタ生産方式は、開発者の名にちなんで「オオノイズム」とも呼ばれ、「自働化」と「ジャスト・イン・タイム」がその柱であるとされていますが、ここではとくに後者の「ジャスト・イン・タイム」について見ていきましょう（大野 1978）。というのも、たしかにそこには、その後の「社会」全体の大きな転換として広がっていく、ポスト・フォーディズム体制の種のようなものが潜んでいると思われるからです。

もともとトヨタ自動車が独自の生産方式の開発に向かった背景には、本格的なモータリゼーションの時代（1960年代なかば）に先立つ50年代に直面していた課題、つまりフォードのような規模の経済を利用した大量生産によってコストを下げるのではなく、多品種少量生産にもかかわらず、コストを下げなければならないという事情があったと言われています（コリア 1992）。その方策のひとつが、この「ジャスト・イン・タイム」だったのですが、ではこの「ちょうど間に合う

ように」とはいったいどういうことなのでしょうか。自動車はさまざまな部品（それは社内製のものも社外製のものもありますが）から組み立てられていきます。ただし、その部品が必要以上にだぶついてしまうと、つまり在庫がたまってしまうと、それはその在庫を製造するための労働や原材料さらにはそれを保管しておく費用も含めてさまざまな無駄なコストがかかってしまう。だからそのような無駄な在庫をなくして「ジャスト・イン・タイム」、つまり必要なときに必要な量だけが「ちょうど間に合うように」生産ラインに届くようにすることによって、全体としてはさまざまな在庫が発生してしまうことにかかわるコストがすべて削減されるということになるわけです。

　では、どのようにしてそれを実現したのでしょうか。それが「かんばん」方式と呼ばれるもので、「かんばん」とは実際には小さな伝票のようなものです。できるだけ単純化して考えましょう。まず、自動車生産の全体は、製造・加工の作業の単位である「工程」――たとえば「ボディ・プレス」とか「塗装」とか「エンジン組み付け」など――の複雑なつながり、組み合わせであると考えることができるでしょう。で、それぞれの工程にはつながりがあるので、前後がある。前の工程で製造・加工された部品が、あとの工程に送られていくわけです。ここで、上述の「ジャスト・イン・タイム」が問題になります。前の工程で、あとの工程がどのくらいの量を必要としているかを無視して、勝手にたくさんの部品を製造・加工してしまっては「ジャスト・イン・タイム」にはなりません。あとの工程がどのくらいの量の部品を必要としているかを、前の工程に伝えるための手段、それが「かんばん」と呼ばれる伝票であって、それによって「ちょうど間に合うように」必要な部品が到着するというわけです。無駄な在庫、無駄なコストは削減される。

2　市場によるコントロールと企業のユートピア

　たしかに、これによって生産性が上がり、コストが下がるということはよくわかるのですが、問題なのは、ここでいったい何が起こっているのかということです。まずミクロ的に見て、前の工程とあとの工程の間で起こっていることは、いったい何なのでしょうか。それはたんにあとの工程から前の工程へ向けて情報が伝達されているとか、そういうことではありません。というか、たしかに情報が伝達されてはいるものの、それを伝達する側、そしてそれを受け取る側は、いったいどんな資格でそれをしているのでしょうか。端的に言えば、ここで、前の工程は「売り手」であり、あとの工程は「買い手」だと言わなければなりません。もちろんここで貨幣のやりとりはありませんが、それでもやはり「かんばん」は「買い手」から「売り手」に送られる「注文書」なのです。

　しかしながらそれは、ここで起こっていることを理解するための、ほんの糸口に過ぎません。理解しやすくするために、事態をさらに単純化しましょう──ある商品の生産過程の全体を何工程でもよいのですが、たとえば3工程からなる、たった一本の生産ラインで表現してみます（図7-1）。工程3で製品が完成すると、今度は出荷され販売されるのですが、ここでも単純化して、それは販売店の陳列棚のようなところに並べられると考えましょう。一般の消費者はさらにその先にいるので、販売店が一般の消費者との接点になっています。そうすると、この販売店の陳列棚は、あたかも工程3のあとに付け加えられたプラスアルファの工程、工程3＋のような様相を呈することになります。というのも、販売店の陳列棚からの売れ具合（つまり市場の動向）に応じて、あたかも工程3に対して、「何個の完成品をいつまで

第7章 ポスト・フォーディズム体制の矛盾

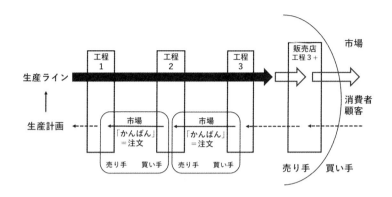

図7-1 生産と注文の流れと市場への「フレキシビリティ」

に届けてください」という「かんばん」が届いてもよさそうだからです。そうすると今度は工程3から工程2へ「かんばん」が送られ、さらに工程1まで、生産ラインの流れとは逆方向に（川下から川上へと）「注文」がさかのぼっていきます。どこまで「注文」がさかのぼることになるかは、そのときどきの生産ラインに何がどれだけ流れているかに依存すると言ってよいでしょう。生産ラインは、市場の需要予測にもとづいた生産計画のなかですでに動いていますが、少なくともその範囲内で、かなり「フレキシブル」に生産調整が可能になります。重要なことは、一定の範囲内であれ、企業の生産工程の流れが、商品の市場ときわめて連続的かつ滑らかに接合しているということです（コリア 1992）。

ここで重要なことは二つあります（以下は基本的に渋谷（2003）にもとづいて考えていきます）。ひとつは企業が、商品の売れ行きに応じて、つまり市場のニーズに応じて商品を生産するということ、これはもうあたりまえのことなのですが、ここでは完全に生産が市場のニーズによって自動的に決められているかのように見えるということで

151

す。生産は、市場に対して完全に「フレキシブル」なのです。そういう意味では、これはもうフォーディズムの正反対だと言ってもよい。

　もうひとつは、さらに重要なことです。「注文」は生産ラインの流れをさかのぼっていくのですが、それぞれの工程間の関係は、その都度立場は入れ替わるものの、売り手と買い手の関係、つまり需要と供給の関係であって、そこにあるのはまさに「市場」だということです。市場は、売り手である企業と買い手である顧客・消費者との間にあるだけではない。企業と消費者の間にある市場関係が、何重にも企業の内部にくり入れられているとでも言ったらよいのでしょうか。たとえば、ある工程からあとの工程を見たときに、そこにあるのはあとの工程という擬似的な顧客のニーズなのですが、じつはつづいて、さらにあとの工程という擬似的な顧客のニーズがあり、……最終工程のそのあとには、本当の顧客のニーズがあるというようにつながっている。あとの工程のニーズのあとのあと……に、企業の顧客のニーズがあるわけです。だから結局のところ、すべての工程は、最終的には企業の顧客のニーズに向けられ、それに対応している。さらに言えば、企業内のすべての労働者が、企業の顧客のニーズに対応し、それに志向して労働しているといってもよいかもしれない。これは経営者から見るかぎり、理想の企業体、企業のユートピアと言えるかもしれません。少なくともこの企業は、そのすべての労働者を通して、市場（のニーズ）に対して「フレキシブル」に対応することができるからです。

　ただし、この企業のユートピアでは、企業それ自体が市場の声（顧客の声および投資家の声）によって評価されコントロールされるだけではありません。企業内のすべての労働者たちが、原理的には市場の声によって評価されコントロールされていることになります。たしかに企業がつくり出す商品が（有形の）財 goods である場合は、それほどはっきりはしないかもしれませんが、それがサービス service の場合

第7章　ポスト・フォーディズム体制の矛盾

には、労働者が直接に顧客と接することになるため、この傾向はきわめて強くならざるをえないでしょう。労働者はむき出しで市場にさらされることになる。文字通りひとりひとりの労働者が（企業の）顧客、市場に直接に向きあわなければならなくなるし、そこで全面的に評価されコントロールされるようになる。労働者が直面するものは、もはや職場（の指揮命令）ではなく、顧客（の指揮命令）なのです（渋谷2003：34）。

あたかも企業内の指揮命令が消失するかに見える現象、このことはきわめて重要な問題を提起しているように思われます。ここでは企業は、ある種のプラットフォームのようなものを提供していて、労働者はその枠組みのなかで、顧客へのサービスを競っているようにも見えてくるからです。そこでは、労働者自身があたかも自立した「企業」であるかのように「競争」する主体として、そこに現れているように見えます。そこで見えなくなっているもの、隠されてしまうものは、労働者たちを雇用している本来の「企業」が行なっている活動、とりわけプラットホームのような枠組みを設立するばかりでなく、それを編成し管理運営するという「統治」の作用であるということになります。このようなあり方は、現在ネットワーク上で展開されている、さまざまなコミュニケーション・プラットフォームとそれによるビジネスを連想させるのに十分なものでしょう。

いずれにしてもここから明らかになるのは、ポストフォーディズム体制の中核となる要素、それは「市場」に対する「フレキシビリティ」であるということです。すでに見たように、それは端的に労働そのものが、それを評価する「市場」に、もっと具体的に言えば「顧客」に直接的にさらされるということにほかなりません。わたしたちは、「市場」あるいは「顧客」に対応して、自らのあり方を――たんに表面上の労働のあり方ばかりでなく、その背後にある意志や信念や感情など

153

の内面的あるいはプライベートなあり方を含めて——フレキシブルに変容させていかなければなりません。そう考えてみると、この要求がいかに過酷で、ときには自己のあり方を深く否定せざるをえないようなものであることが想像できるでしょう。

　たしかに「フレキシビリティ」という表現自体には、何かよい響きがあって、少なくともフォーディズム体制における労働につきまとっていた規格化とか画一性といった性質とは反対の自由とか解放といったイメージをともなっているといってよいでしょう。だからこそ、そうした規格化や画一性にうんざりしていたひとびとに対して、新自由主義を肯定的なイメージとともに浸透させていくために、この「フレキシビリティ」という表現はまさにかっこうの戦略的用語となったわけです。しかしすでに明らかなように、ここでの「フレキシビリティ」は、自分の好きなように自由にできるとか、外的な強制からの解放などとはいっさい無縁なものです。それはあくまで市場の動向、もっと具体的に言えば、顧客の要望に対する「フレキシビリティ」であって、市場の動向や顧客の要望に敏感に反応して自らのあり方を変容させなければならないということです。そこにあるのは、むしろ徹底的な他律化と他者による支配であって、自由や自律性とはまったく正反対のものです。

　ところで、市場や顧客の要望に対する「フレキシビリティ」が労働をどのように変容させるのかについては、いわゆる「感情労働 emotional labor」について考えるのがわかりやすいかもしれません。ホックシールド Arlie Russell Hochschild (1940-) は、わたしたちが社会生活のさまざまな場面で、その場に応じた適切な「感情」を感じ、そしてそれを表現することを求められていることに注目します。葬儀の場では悲しみの「感情」を、パーティーの場では楽しい「感情」を感じ、表現することが求められます——たとえかたちだけのもの

にせよ。これが家族や親しい友人などの親密な関係になれば、かたちだけではなく本当の意味で、愛情を表現するとか、怒りを抑制するとか、感謝の気持ちを表現することなどが必要になってきます。少し大げさな言い方をすれば、それぞれの場面でどんな「感情」が適切であるかについての「感情規則 feeling rules」があり、わたしたちはそれにしたがった「感情」を感じ、表現するよう「感情管理 emotion management」をしなければなりません。たしかに、このような問題はわたしたちの互恵的な社会関係の一側面として興味深いものです。しかしながらホックシールドが問題にするのは、こうした「感情管理」が（サービス）労働の一部として「商品化」されてしまうということ（「感情労働」）です。というのも、それによってわたしたちの私的で内的な領域が「商品化」され、市場や顧客の要求に応じて統制・支配されるものへと変貌してしまうからです（ホックシールド 2000）。

このことは、労働者が市場や顧客の要望に直接的にさらされ、それによってコントロールされる ―― それに対して「フレキシブル」に対応する ―― ということが、いったい何を意味しているかをあらためて確認させてくれるでしょう。そのようなコントロールや対応は、けっして表面的なものだけで済むわけではありません。わたしたちは自己の存在を、より深い領域に至るまで、労働に投入しなければならなくなると同時に、より深い領域に至るまで、他者たちの要望により直接的に対応しなければならなくなります。

それはある意味で、より深く他者たちとの関係のなかに包摂されていくということでもあります。だがしかしそれは、きわめて広範で匿名的な空間への包摂であるということもつけ加えるべきでしょう。簡単に言えば、身近な集団ではなくて、それを飛び越えた広範で匿名的で市場的な「社会」へと、一気により深くその存在をからめとられるようになるということだと思います。それはたぶん、顔の見えるよう

な実感のある包摂ではないでしょう。むしろ実感がないにもかかわらずそこから抜け出せない「空気」のような「空虚な包摂」、あるいはまた「開かれた空間への閉じ込め」とでも言えるかもしれません——かつて労働者たちが、労働市場という開かれた空間に閉じ込められた (p.77) のと同様に。

　最後に、市場に対する「フレキシビリティ」というポスト・フォーディズム体制の要求は、具体的な労働の内容やあり方だけに向けられるのではありません。それは労働者の雇用のあり方から始まり、さらには企業組織、企業経営にかんするあらゆる領域（外注／下請けなど産業組織のフレキシビリティ、合併や買収／売却など企業自体のフレキシビリティなど）におよんでいます。とりわけ重要な問題は、やはり雇用の「フレキシビリティ」という名の不安定性、流動性の増大、すなわち非正規雇用の増大という問題です。

　よく知られているように、近年では、雇用労働者に占める非正規雇用労働者の比率は4割近くにおよんでいます（図7-2）。この問題は、歴史的に見れば、高度経済成長期の「臨時工・社外工」やいわゆる「出稼ぎ労働者」など、景気の調整弁として利用されてきた労働者にまでさかのぼります。ただ、近年の非正規雇用問題と直接につながっているのは、(これももともとは60年代にさかのぼりますが) オイルショック後の雇用調整を経て、1980年代から本格的に増大していく「女性パートタイマー」なのではないかと思われます（浜 2023：179ff.）。女性の場合は、雇用の非正規化の進行が顕著であり、いわゆる「労働者派遣法」の対象業種の自由化（1999年）もあって、2003年以降は非正規雇用従業者の比率が正規雇用従業者のそれを上回るようになりますが、その多くを占めているのが「女性パートタイマー」です（図7-3）。

　オイルショック後の雇用調整においても、男性の正規職労働者の雇用は（非正規職労働者などを犠牲にしながら）比較的守られてきました

第 7 章　ポスト・フォーディズム体制の矛盾

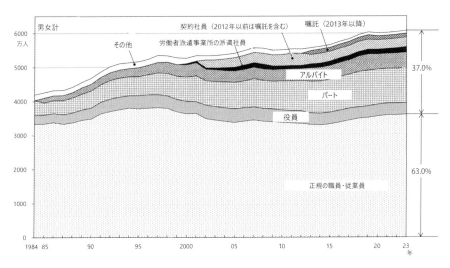

図 7-2　雇用形態別雇用者数（男女計）
出典：独立行政法人労働政策研究・研修機構
https://www.jil.go.jp/kokunai/statistics/timeseries/html/g0208.html
（図右の数値は同 URL の統計表から算出し記入した。）

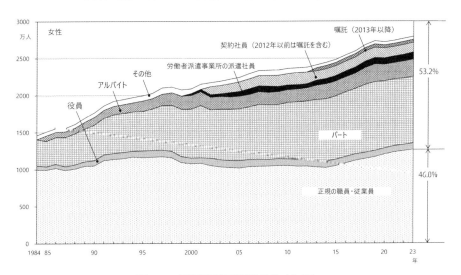

図 7-3　雇用形態別雇用者数（女性）
出典：独立行政法人労働政策研究・研修機構
https://www.jil.go.jp/kokunai/statistics/timeseries/html/g0208.html
（図右の数値は同 URL の統計表から算出し記入した。）

157

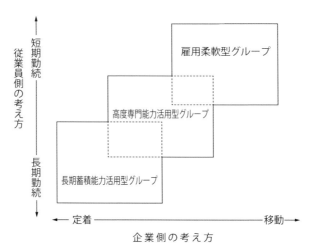

注：1. 雇用形態の典型的な分類
　　2. 各グループ間の移動は可

図 7-4　雇用形態の典型的な 3 類型
出典：日本経営者団体連盟（1995：32）

が、かれらを中心とした日本型雇用システムも変容を余儀なくされていきます。それを象徴的に示したのが、経営者団体である日経連（日本経営者団体連盟、2002年に経団連／日本経済団体連合会へ統合）が1995年に発表した報告書『新時代の「日本的経営」』でしょう。そのなかで今後の雇用形態のあり方として、雇用従業者は3つのグループにタイプ分けされています（図7-4）。第一は「長期蓄積能力活用型グループ」で、管理職・総合職・技能部門の基幹職とされ、期間の定めのない雇用契約にもとづく正規職として、少数精鋭主義で採用されます。第二は「高度専門能力活用型グループ」で、企画・営業・研究開発等の専門部門の職とされ、有期雇用契約にもとづく非正規職です。最後に第三は「雇用柔軟型グループ」で、文字通り必要に応じて「柔軟に」雇用される、有期雇用契約にもとづく非正規の一般職だとされます。そこに示されているのは、これまでの「日本的経営」の中核であった

（男性）正規雇用労働者の雇用を限定的なものとして抑制し、必要に応じて「フレキシブル」に雇用（解雇）する非正規雇用労働者を大幅に導入することが、日本の経営者たちから見た、これからの「日本的経営」の進むべき方向性であったということです。

　そういうわけで、女性を中心に、男性も含めて、非正規雇用労働者の割合が一貫して増加していくことになります。ポスト・フォーディズム体制が要求する「フレキシビリティ」は、まずはわたしたちの具体的な労働が市場の要求に対してフレキシブルに対応することを求め、その結果として、わたしたち自身の（私的な領域を含めた）全体としてのあり方さえ、市場の要求に対してフレキシブルになることを求めます。それに加えて、わたしたちの雇用上の地位（正規か非正規か、雇用か解雇か）もまた、市場の要求に応じてフレキシブルになることが求められるのです。つまりポスト・フォーディズム体制は、わたしたちの雇用と労働を、そしてわたしたち自身のあり方——「アイデンティティ」といってよいかもしれません——を全面的に不安定で流動的なものへと変貌させたのです。

3　流動的なアイデンティティ
―― 内面への退却と反転するコミュニケーションのネットワーク

　かつて、まだ戦後まもない1950年に、はやくも来たるべきポスト産業（工業）社会の時代を見通しながら、デイヴィッド・リースマン David Riesman (1909-2002) は、個人が「社会」の求めに応じる仕方として「社会的性格」の概念を規定し、それを「伝統指向 tradition-directed 型」、「内部指向 inner-directed 型」、「他人指向 other-directed 型」に類型化しました。「社会」はそのメンバーである個人に対して、一定の行動を要求するのですが、個人はさまざまな仕方でこ

の要求に同調する。この「同調の仕方 mode of conformity」の類型が三つあるとされます。まずは、血縁的・地縁的な集団の一員として、長年くり返されてきた行動様式という意味での「伝統」にしたがうという仕方で、「社会」が求める行動に同調するのが「伝統指向型」と呼ばれます。それに対して、個人の内部に取り込まれた、人生の一般化された目標や理想をいつも「羅針盤（ジャイロスコープ）」が指し示し、それにしたがうという仕方で、「社会」が求める行動に同調するのが「内部指向型」です。そして最後に、（同時代のとくに身近な）他者たちが自分の行動に対して下す評価や承認を求め、したがって他者の期待と好みに敏感に反応する「レーダー」を通して、「社会」が求める行動に同調するのが「他人指向型」と呼ばれます。

　「他人指向型」に備わっているのは、定まった指針（方位）を示す「羅針盤」ではなく、他者の声（期待・評価・承認など）に敏感に反応する「レーダー」です。もっとも「内部指向型」の内なる声もまた、じつは幼少期から家族や学校などを通して、個人の内部にしっかりと浸透し、取り込まれた、つまり「内面化 internalize」された「社会」の声であることに注意しておかなければなりません。どちらも最終的には「社会」の声にしたがうのですが、「内部指向型」の場合は、「社会」の声は自分のなかに一度セットされ、変化しません。それに対して「他人指向型」の場合は、「社会」の声は他者の声を通して作用するので、「社会」が変化し他者の声が変化しても対応可能です。その意味で、「他人指向型」はフレキシブルで融通無碍なのです。

　リースマンによれば、それぞれの社会的性格の類型は、人口動態および「社会」の変動に対応しているとされます。すなわち、人口動態モデルでいえば、高度成長潜在的段階、過渡的人口成長期、初期的人口減退期という変容に応じて、「社会」の変動モデルでいえば、前産業（工業）社会、産業（工業）社会、ポスト産業（工業）社会という変

容に応じて、主要な社会的性格の類型は、「伝統指向型」、「内部指向型」、そして「他人指向型」へと変容するとされます。

　ここで誤解してはならないのは、リースマンの「社会的性格」の定義は、あくまで「社会」が求める行動を個人が行う仕方だということです。したがって「内部指向型」は、あたかも自らの内なる声にしたがうかのようにして、「社会」の要求に応えているのであって、けっして他者や「社会」とは無関係な、内発的で個性的な自己のあり方などではありません。このタイプは、幼少期から家族や学校などを通して、「社会」が求める理想や目標、いわば「社会の声」をしっかりと自分のなかに取り込んでいる。「社会の声」は自分の声なのです。だからこそ、自分の声にしたがうことが「社会の声」にしたがうことになる。だから、「内部指向型」という社会的性格がどのような特徴をもったタイプであるかを想像することができるでしょう。自分の内側からの声にしたがうという表現の、何か個性的で内発的というイメージとは裏腹に、このタイプはむしろ「社会」の要求に対してすこぶる従順で、「社会」の支配的価値を受け容れ、しかもそれをあたかも自分自身の考えのように、自信満々に語るタイプとでも言ったらよいでしょうか。

　そういうわけで、「内部指向型」は個人の内部に、進むべき方位を指し示す「羅針盤（ジャイロスコープ）」があるので、考えや行動は安定していて、よくも悪くもブレない。こういうタイプが求められるのは、産業（工業）社会 industrial society、これまでわたしたちが使ってきた用語では、フォーディズム体制と呼ばれる大量生産と大量消費の社会と言ってもよいでしょう。そこで必要とされる、大量の規格化された労働者（とともに消費者）こそ、少し意外に思われるかもしれませんが、ここでいう「内部指向型」の社会的性格、「社会」の支配的価値を受け容れたうえで、その目標に向かってひたすら邁進するタイプ

の個人です。

　それに対して「他人指向型」の場合は、他者の評価をいつもモニターしている必要があるので、個人の内部に「レーダー」がある。それによって他者の評価や承認をチェックし、他者の期待と好みに応じた行動をとるということになります。行動の指針が決まっているわけではないので、その時々で一貫性にはこだわりません。よく言えばフレキシブルですが、悪く言えば安定性がないというか、フラフラしている。で、こういうタイプが求められるのは、大量生産と大量消費を旨(むね)とする、製造業中心の産業（工業）社会ではなく、むしろ人間関係とコミュニケーションが重要となった「人間相互間のゲーム」（ダニエル・ベル（上）1975：163）の時代、第三次産業中心のポスト産業（工業）社会だということになります。

　だとすると、それは、わたしたちが見てきた、何ごとにもフレキシビリティが求められるポスト・フォーディズム体制の時代なのではないかと思うかもしれません。たしかにそう言えないことはないのですが、同時に注意しておきたいのは、「他人指向型」にとって、「他人」とはいったいどのような「他人」なのかということです。基本的にリースマンは、それを「同時代人」としか限定していませんし──「歴史上の偉人」となると、それはむしろ「内部指向型」の内側から響く、はるかかなたからの「社会」の声になってしまうからです──、マスメディアを通してしか知らないひとも含んでいます。しかしそうは言っても、やはりかれらの原動力は、仕事の場でも遊びの場でも、身近で具体的な他者との関係や接触を通して、自己のあり方を定めていこうとする、人間関係とコミュニケーションへの関心であり積極性であると言えるでしょう。

　つまりかれが考える「他人指向型」は、かつて「内部指向型」を必要とした、大きく一様で組織化された社会──それは大量生産と大

量消費をベースとした産業（工業）社会です――からは自由になっているというか、不安定でフレキシブルなのはたしかです。それでもかれらはその名の通り、他者との人間関係やコミュニケーションをきわめて重視しているので、むしろ小さく多様で組織化されていない「社会」の影響をきわめて強く受けている。その意味で、かれらはけっして孤立しているのではなく、むしろきわめて「社交的social」で、小さな「社会」にしっかりとつなぎとめられていると言ってもよい。そういう意味で、それはポスト・フォーディズム体制のなかで生み出されるような個人、すなわち匿名的な市場空間へと解き放たれた、ばらばらにされた個人ではけっしてありません。「個人化 individualization」という概念をその本来の意味、つまりひとびと（の集まり）が自らを諸「個人」とその関係へと分解していく、長きにわたる歴史的なプロセスであると考えるなら、この段階では、のちのポスト・フォーディズム時代に想定されるほど、まだ「個人化」は進んではいなかったと言えるかもしれません。

　ところで、アメリカ合衆国の第二次世界大戦後の繁栄は、基本的に堅調であったものの、1960年代の「激動の時代」（人種問題と公民権運動、ベトナム戦争と反戦運動、若者（学生）たちの反乱と敗北、そしてカウンター・カルチャーやヒッピー文化の広がりなど）を経て、1970年代になると、すでに見てきたように「ニクソン・ショック（ドル・ショック）」（1971年）と「オイル・ショック」（1973年）によって経済は大きな打撃を受けます。それによってフォーディズム体制とケインズ主義的な経済政策の蜜月は、終わりを告げようとしていました。新しく登場してきた新自由主義的な思想と政策は、さまざまな問題やリスクを「社会」という集合的な水準を通して解決したり管理したりしようとする社会的自由主義、修正資本主義とはまったく相容れません。そこでは、問題やリスク、したがって問題解決やリスク管理の責任は、あ

くまで個人という水準に帰属させられます。そして、そのような思想的・政策的な方向性と共鳴して、それと重なり合うように、ひとびとの関心は、政治的・社会的な問題やその解決に向けての集合的な努力よりも、むしろ個人的な生活やさらには自己の内面へと向かい、自己のあり方を変化させたり成長させたりしようとする方向へとしだいに向かっていったように見えます。

　実際に、1970年代から80年代にかけては、リースマンの先見的な見通しであった「他人指向型」の拡大をさらに超えて、「自分[中心]の時代 Me-decade」（トム・ウルフ Tom Wolfe 1930-2018）とか、「ナルシシズム narcissism［自己愛］の時代」（クリストファー・ラッシュ Christopher Lasch 1932-94）などといった表現で、内向的で原子論的な個人主義へと向かう時代精神を特徴づけようとする社会批評が広く受け容れられました。社会学でも、相互作用における解釈の重要性を説く「シンボリック相互作用論」で有名なラルフ・ターナー Ralph H. Turner（1919-2014）は「制度的な institutional 自己から衝動的な impulsive 自己へ」の変容について論じています（Turner 1976）。

　そうしたなかで、アイリーン・トムソン Irene Taviss Thomson（1941-）は、1940年代から70年代にわたる、よく売れた「自己啓発本 self-help literature」の分析を行いました。そしてそこから、「他人指向型」のフレキシブルな自己のあり方がさらに進んで、この時代に「流動的な fluid アイデンティティ」と呼ぶことのできる、新しい自己アイデンティティのあり方が喧伝されるようになったことを明らかにしました（Thomson 1985）。たしかに「他人指向型」は、「内部指向型」のように安定的で変化しない自己に固執するのではなく、周囲の他者たちの求めに応じて自己アイデンティティをフレキシブルに変化させます。しかしながら、それはあくまで（わたしに対して）他者が下す評価への「不安」によって突き動かされたものに過ぎず、フレキシブルな

変化は、自己アイデンティティのもつ必然的な性質ととらえられているわけではありません。それに対して「ナルシシズム」は、そもそも自己アイデンティティを固定的、安定的なものと見るのではなく、むしろ時間とともに変化し、「成長する」のが当然であり、必然的であると考えるとされます。一般に自己アイデンティティは、心理学的な発達段階のなかで、成長とともに（さまざまな）社会的な役割を引き受け、それへと自らを「同一化 identify」していくことを指しています。しかしながら、たしかにそれは「自分は何ものなのか」という問いに対する「答え」でもあります。しかも自分自身がそれに答えて引き受けていくことが重要だとすれば、「同一性（同じである）」ということばの原義とは裏腹に、問いは何度でもくり返され、したがって「答え」としての自己アイデンティティもつねに変容すると考えることは可能でしょう。自己アイデンティティの問題は、もはや社会という集合的な水準とは切り離され、いまやまったく個人的な選択の問題とみなされるようになったわけです。

　ちなみに、この時期はアメリカ合衆国のみならず日本でも、自己やアイデンティティとその柔軟性や不安定性や変化へと向かう強い関心が盛んに取り上げられました。自己を包み込む「カプセル」という比喩によって、人間関係が間接化し、孤立（閉じ）と連帯（開き）がいわば共存する時代を描き出そうとした「カプセル人間」（中野収）、アイデンティティ（あるいは社会的役割）を引き受けることをためらいつづける「モラトリアム人間」（小此木啓吾）、さらには身近な人間関係を重視する「新しい個人主義」(山崎正和)などの議論が注目を集めました。

　ひとびとの世界像は、しだいに収縮し、小さくなっていったように見えます。ひとびと（とくに若者たち）の関心は、社会的制度や組織から退却し、身近な人間関係から、さらに孤立化した自己とその内部／内面へと向かっていきました。ところが1980年代を経て90年代以降

になると、ひとびとの世界像と関心は、インターネットの爆発的な普及によって、社会全体に広がったコミュニケーション・ネットワークへと、一気に「大反転」していったと言えるかもしれません。あるいは「個人化」を通して、問題解決とリスク管理の責任を負わされた諸個人を一気に、つまり何らかの媒介的な中間集団を経由することなく、全体へと結びつけるまったく新しい方法が開発されたとでも言った方がよいのかもしれません（東 2011）。いずれにしても、いったん自己の内部／内面へと向かった関心が「大反転」するわけで、あらゆる個人的でプライベートな関心、感情、発言、行動、情報などが、「社会」をおおう電子的ネットワークへと大量に吸い上げられ、「社会」全体を駆け巡るという、途方もない融合というか混乱が眼前に広がっていくことになります。

　たしかにインターネット創成期の 1980 年代から 90 年代のアメリカ西海岸には、インターネット空間をコミュニケーションのユートピアとみなすような傾向があったように思います（たとえば、ジョン・バーロー John Perry Barlow の「サイバースペース独立宣言」など）。それは自己の内部へと退却した関心、個人化したひとびとをまったく新しい仕方でつなぎ合わせることができると考えられていたわけです。その背景には、かつてのカウンター・カルチャーの流れをくむ「ヒッピー文化」があったと言われています。それに加えて、インターネットをあくまでビジネスとして考えるビジネス・エリートたち（ヒッピー Hippie に対してヤッピー Yuppie などと呼ばれました）も活躍し始めます——のちにシリコンバレーで成功していく若者たちです。この二つの矛盾する考えの混合が「カリフォルニアン・イデオロギー Californian Ideology」（バーブルック，キャメロン 1998）と呼ばれ、いずれインターネットと情報化の時代の先頭を走ることになる、この時代のカリフォルニアの独特の雰囲気であったと言われています。

第 7 章　ポスト・フォーディズム体制の矛盾

　デイヴィッド・ブルックス David Brooks（1961-）もまた、この時代に見られた二面性のようなものに注目しています。かれは一方でビジネス志向のエリートたち、ヤッピーと呼ばれたひとたちを「ブルジョア Bourgeois」と呼び、他方で 60 年代のヒッピーたちの流れをくむ、しきたりや伝統を嫌い、自由と創造性を愛するインテリたちを「ボヘミアン Bohemians」と呼んで、この両者の混合である「ボボズ BOBOS」たちが、20 世紀から 21 世紀にかけての時代を牽引していると論じました。

　いずれにしても、そこから現れてきたのは、一方で「個人化」されたひとびとの群れ——かれらの「流動的アイデンティティ」はたしかに「個人の自由」を求めた結果であったのだと思います。しかし同時に、それまで「社会的」とされてきたさまざまな問題やその解決を、あくまで「個人」という水準に押し込めようとする全体の力（新自由主義の力）の反映でもあったことは、くり返し強調しなければなりません。そして他方に現れたのは、ばらばらになった（された）ひとびとをばらばらなまま、一気に（中間集団の媒介などいっさいなしに）全体化していく、広範で匿名的でまさに「市場」的な空間、「利害関心」を通して調整される「市場」化された「社会」であったのだと思います。このような、個人化でもあり、かつ全体化でもあるような現実を可能にしたのが、急速に「社会」をおおった情報ネットワークであったのは言うまでもありません。残念ながら、ヒッピーやネティズン（ネット上のシティズン）のコミュニケーションのユートピアが実現したようには思えません。かつてカリフォルニアン・イデオロギーが浸透し、ボボズ BOBOS たちが生息した空間がもっていた独特の両義性は、しだいに失われていったようです。このような光景が、現在のわたしたちが日頃よく見知っている現実に直接につながっていることは容易に見てとることができるのではないでしょうか（図 7-5）。

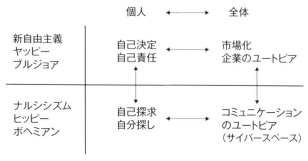

図 7-5　新自由主義とナルシシズムの対応関係

4　「無媒介性の夢」と滑らかな「社会」のゆくえ

　かつてジャン＝ジャック・ルソー Jean-Jacques Rousseau (1712-78) は、あの有名かつ難解な「一般意志 Volonté générale」を説明するにあたって、それが成立するためには、ひとびとが判断のための十分な情報を与えられていなければならないと同時に、まったく意外なことに、ひとびとが「互いにいかなるコミュニケーションもとらない」（ルソー 1974：41［原典より改訳］）ことをその条件としていました。このことは、そのすぐあとに述べられている「部分的結社」の禁止とともに理解する必要があります。要するに「一般意志」を構成するのは、あくまでひとりひとりの個人の考慮と判断です。それが何らかのコミュニケーションや部分的結社を通して、集約される（つまり変更される）というのは、言い換えれば個人の意志が「歪められる」ということであり、だからそれは認められないというのです。したがってルソーは代表制民主主義を認めないし、政党も認めない、あるのは直接民主主義だけです。つまりかれの理想はと言えば、国家には諸個人しかいない。諸個人の意志が「直接に」国家（政府）の意志を決めるわけ

で、その間に何らかの「媒介」が入ることを認めない。代表制も政党もありえず、国家と諸個人は直結する、というか一体化する。だからルソーは全体主義の思想家だという非難もまた、そこから生じるわけです。

それはともかく、国家には諸個人しかいないという理念は、たんなる理想に過ぎなかったわけではけっしてありません。このようなルソーの理念は、フランス革命を主導する理念でもあったわけで、その延長線上で、いわゆる「ル・シャプリエ法 Loi Le Chapelier」(1791)は、国家と個人の間にある、あらゆる種類のコルポラシオン（同業組合など）を実際に禁止していきます。たしかにはじめに禁止されたのは（あのギルドの流れをくむ）同業組合でしたが、すぐに労働者の団結が禁止され（この部分はむしろあとになってから大いに利用されたため、この法を1864年まで長らえさせることになります）、さらには政治的な結社（「民衆協会」）の活動の制限へとつながっていきます。結局のところ、革命後のフランスは、ルソー的な理念（国家には諸個人しかいないのであって、部分的結社は禁止されなければならない）にしたがって、（第3章で取り上げた）かつて「中間団体」と呼ばれた勢力を排除していきます。そして、そのなかに完全に包み込まれていたひとびとを「個人」として自立させることによって、諸個人のみから成る、新しい（近代的な）国家をつくりあげようとしたわけです（富永2005）。

したがって革命後のフランスでは、国家という全体と個人への二極化が起こり、その間がいわば空洞化してしまいます。もちろん新たに主役として登場してきた「個人」が集団を形成する（それを、未だそのなかに「個人」はいない「中間団体」と区別して「中間集団 intermediate group」と呼びます）ことは可能だし、むしろ望ましかったはずです。しかしながら、どうしても「中間的勢力」を破壊しなければならないという強い要請のもとで、その可能性は見失われていました。この点

こそが、のちにトクヴィル Alexis de Tocqueville（1805-59）が、アメリカ合衆国に見られる多様な結社 association の活動と比較して、革命後のフランスの混乱と停滞の主要な原因として注目したものにほかなりません。

　さらに時代を進めれば、19世紀末に「社会学」という新しい学問に魂を吹き込んだデュルケームは、19世紀の社会的分断と社会解体——マルクスはそれを資本制社会が必然的にもたらす階級への分断と対立として見ました——を「社会学」的にとらえようとします。つまり、かれはこの問題を、フランス革命以来の全体社会と個人への二極化と、中間的領域の空洞化、そしてばらばらになったひとびとを全体社会へと媒介していくはずの「中間集団」の機能不全のなかに見ていこうとしました。デュルケームの視点からみれば、階級への分断と対立は、経済的機能領域を中心とした（道徳的）無規制状態（アノミー anomie）にほかならないとされます。したがってそこに秩序をもたらすためには、かつての同業組合に対応する、新しい職業的集団が必要であるとされました（デュルケーム 2017、田中 2021 第3章）。

　いずれにしても、その後の社会学の歴史を見れば、ばらばらになった個人と全体（社会）を媒介して橋渡しする「中間集団」——それは近代家族から始まって、学校、企業（労働組合を含む）、地域社会、さらには宗教や政治や文化などにかかわる諸集団などを含むものと考えられます——を分析の要とすることは、文字通り媒介（メディア）であるマス・メディアもそれに加えることによって、社会学の基本的な範型（パラダイム）となってきたと言ってよいでしょう（図4-8, p.82）。もちろんその後、メディアには、SNSなどのソーシャル・メディア（によるコミュニケーション）がつけ加えられているのは言うまでもありません。

　したがって、たしかに一方で「社会」と呼ばれるのは、ひとびとの

活動と関係の総体として、ほぼ国家の範囲と重なる全体（社会）です。しかし他方でそのなかには、ひとびとの活動と関係のさまざまな側面というか焦点のようなものが含まれており、最終的には諸個人へと分解されるひとびとを何らかのかたちで全体へと「媒介」していくさまざまな装置を含んでいます――「中間集団」はそのなかのもっとも素朴なものだと思います。その意味では、「社会」はまずは全体（社会）であると同時に、そのなかに含まれるさまざまな「媒介」をも指してもいると言ってよい――それは、わたしたちがすでに「全体としての社会」と区別して、「媒介としての社会」と呼んだものです（第4章第3節）。

　さらに社会学のその後の展開を追うなら（田中 2021）、具体的な中間集団ではなく、むしろ機能的なまとまり、機能システムとして、たとえば教育、経済、政治、宗教、科学などを全体（社会）のサブ・システムと考えるような見方も、素朴なものから厳密なものまで含めて、影響力をもちつづけてきました。この場合、中間集団ではなく機能的サブ・システムが個人と全体（社会）の媒介になっていると理解することは可能でしょう。さらに、（厳密さを求めて）もっとミクロな文脈で、「行為」とか「コミュニケーション」を個人と全体（社会）の接点／媒介と見定めて、どのようにして両者が現実をつくりあげていくかというようなテーマも取り上げられてきました。他方でしだいに、このようなミクロな問題設定の文脈というか背景のようなものとして、政治という機能的な文脈ではなく、より広い意味での「（権）力 power」あるいは「統治 government」、さらにはそれらの歴史的変容といったマクロな問題が、（わたしたちが本書で見てきたように）個人と全体を媒介する「社会」のあり方にかかわるものとして、問題とされるようになってきました。ここまでくると、もはや中間集団の議論からはだいぶ距離がありますが、それでもそこで問題になっているの

は、やはり個人と全体（社会）との間の「媒介」であり、あるいはそういうものとしての「社会」です。

　だとすると、これまで一貫して「社会」が担ってきたのは、近代という時代の入り口で、あのルソーが排除しようとしたもの、個人と全体（としての国家）の間の「媒介」であったということができるでしょう。そして、今日起こっていることが、前節で見たように、このような「媒介」の空間としての「社会」をまったく別のもので置き換えることであるとするなら、つまりばらばらになった（された）ひとびとをばらばらなまま一気に（中間集団などの媒介をいっさい通さずに）全体化していく、広範で匿名的でまさに「市場」的な空間に置き換えることであるとするなら、それはまさにポスト「社会」の時代と呼びうるものなのだと思います。

　もし個人と全体（社会）がもはや何らかの媒介を必要とせず、滑らかにつながることができるのであれば、それはそれでよいことではないかと思われるかもしれません。しかしもともと個人と全体（社会）は異なる秩序化の水準にあって、連続的に捉えられるものではありません。したがってもし「媒介」がなくなるなら、異なるものが一体化してしまう――もちろんそれは、個人が全体化されるということであって、その逆ではありえないでしょう。現代において、個人が全体化されるとは、いったいどういうことなのでしょうか。

　急速に拡大した情報空間のなかで、いまや「個人」は、そのことばがあらわす通りの「分割できない統一体 in-dividual」であることをやめ、さまざまな属性・行動・位置などの「断片化した fragmented データ」へと分割・分解されています。そしてひとびとの行動は集合態としての人口レベルで再び集積され（ビッグデータ）、分析され（データマイニング）、そして予測される（プロファイリング）。そこで予測されるのが、消費行動であれば、「行動ターゲティング広告」によって、

企業は消費者へ直接に（マス・メディアという「媒介」を通すことなく）アプローチするでしょう。そこでは、あたかもわたし（個人）が監視されているような錯覚に陥りますが、よい意味でも悪い意味でも、そこで見られているのは、わたし（個人）ではなく、わたしと似通った多くのひとびとの多分ささいな行動の断片の集積に過ぎません。それは、第5章で「生 − 権力」について見た通り、最先端のデータにもとづいた犯罪予測と介入（取り締まり）のプランに、かつて「規律」が想定し、その標的としていた（自律的）個人、あるいは「主体」が存在しないのとまったく同様です（重田 2003）。

　ここで実現されるのは、ポスト・フォーディズム体制にもとづいた、市場の動向を的確に組み入れた生産と消費の滑らかな循環です。もっと一般的に言えば、わたしたちのあらゆる欲望とその充足の滑らかな循環だと言ってもよいでしょう。つまりそれは個人と全体の奇妙に効率的で滑らかな循環、摩擦や衝突や雑音（ノイズ）のない循環、「社会」という（個人と全体の）媒介のない循環と言えると思います。まるでユートピアのようなディストピア、あるいはまるでディストピアのようなユートピアなのでしょうか。

　たしかにこれまで見てきたことを振り返れば、もともと統治の力は均質で滑らかな空間を準備することで、ひとびとの関係と活動の総体としての「社会」を可能にし、そのなかでさまざまな装置によって諸個人は全体へと媒介され、個人としても集合態としても「自然」な力を引き出されてきた（「生 − 権力」）わけです。その意味では、個人と全体の滑らかな循環、あるいは滑らかな社会の実現は、やはり近代という時代が目指してきたものであることは否定できないし、だとすれば媒介としての「社会」はいずれ過去のものとなる運命だったのかもしれません。

　ただ、そうは言っても、あまりに滑らかな循環は、全体（社会）あ

るいは市場空間にとって本当に望ましいものかというと、たぶんそうではありません。このようなプロセスが、生産と消費、欲望と充足のあまりに滑らかな循環、摩擦や衝突や雑音（ノイズ）のない滑らかな循環へと帰してしまうようなことがあれば、そのときもはや資本主義や市場経済はまったく機能しなくなってしまうばかりか、個人と全体（社会）もまた窒息してしまうことになるでしょう。だから、きっとさまざまなズレや摩擦や雑音（ノイズ）が必然的に求められていくことになる。新しい時代の個人たちは、きっとそうした隙間を見つけて、新しい住処としていくはずです。そうした場所が、はたして再び「社会」と呼ばれるかどうかはわかりませんが。

文献

R. バチェラー『フォーディズム』日本経済評論社（1998）
鈴木直次『アメリカ産業社会の盛衰』岩波新書（1995）
大野耐一『トヨタ生産方式』ダイヤモンド社（1978）
バンジャマン・コリア『逆転の思考』藤原書店（1992）
渋谷望『魂の労働』青土社（2003）
A. R. ホックシールド『管理される心』世界思想社（2000）
浜日出夫『戦後日本社会論』有斐閣（2023）
日本経営者団体連盟『新時代の「日本的経営」』（1995）
デイヴィッド・リースマン『孤独な群衆』みすず書房（1964：原著1950）
ダニエル・ベル『脱工業社会の到来（上下）』ダイヤモンド社（1975）
ジグムント・バウマン『個人化社会』青弓社（2008）
クリストファー・ラッシュ『ナルシシズムの時代』ナツメ社（1981）
Ralph H. Turner, "The real self: From institution to impulse", *American Journal of Sociology*, 81-5:989-1016.（1976）
Irene Taviss Thomson, "From Other-Direction to the Me Decade", *Sociological Inquiry*, 55-3: 274-290.（1985）
平野秀秋・中野収『コピー体験の文化』時事通信社　（1975）
小此木啓吾『モラトリアム人間の時代』中央公論社（1978）
山崎正和『柔らかい個人主義の誕生』中央公論社（1984）

東浩紀『一般意志 2.0』講談社（2011）
公文俊平編『ネティズンの時代』NTT 出版（1996）[「サイバースペース独立宣言」を含む]
リチャード・バーブルック，アンディ・キャメロン「カリフォルニアン・イデオロギー」『10 + 1：ten plus one』13: 153-166（1998）
デイビッド・ブルックス『アメリカ新上流階級ボボズ』光文社（2002）
ジャン＝ジャック・ルソー『社会契約論』中公文庫（1974：原著 1762）
富永茂樹『理性の使用』みすず書房（2005）
エミール・デュルケーム『社会分業論』ちくま学芸文庫（2017）
田中耕一『社会学的思考の歴史』関西学院大学出版会（2021）
重田園江『フーコーの穴』木鐸社（2003）

あとがき

　本書のおおもとにあるねらいは、つぎのようなものでした。つまり、ある時期から「社会」と呼ばれ、のちに「社会学」によって分析されるようになった現実、それを何かそこに自然な本質のようなものが宿っている現実としてではなく、さまざまな実践的な理由や戦略を通して、そして知／思考という特殊なまなざしを通して現れてくる複合的な現実として、できるだけ深く、そして長いスパンで考えてみたいと思ったのです。そういうわけで、はじめからかなり屈折した考えにもとづいているので、いろいろと無理を重ねながら、普通に社会学が取り扱う範囲や時代を大きく踏み越えた議論を展開する羽目になりました。

　本書の底を流れている思考は、ミシェル・フーコーの議論です。かれが最終的に「統治性」と呼んだ、ひとびとの集まりにはたらく力を通して、「社会」が少しずつ違った姿を見せていきながら、それでもやはり統治の合理性の方向に向かって変容してきたこと、そのなかで「社会学」がとらえようとしてきた、個人と全体（社会）の「媒介としての社会」と呼べるようなはたらきがしだいに別の何か、より合理的で「滑らかな」統治の形態に置き換えられているのではないかということを指して、ポスト「社会」という表現を使うことにしました。

　このやや過激な表現を選んだのは、いま起こっていることが、たんに「社会」のあり方の変容というよりも、これまで「社会」が果たしてきたはたらきが根こそぎにされるような、もっと大きな転換なのではないかという気がしてならないからです。したがってポスト「社会」という表現には、一定のネガティブな意味あいが含まれています。ただ、社会学を専門にしているからといって、はじめから「社会」はポジティブなものと決めつけているわけではもちろんありません。むし

あとがき

ろまったく逆で、フーコーの議論を通して見えてくるのは、「社会」はむしろ統治そのものですらあるという事実です。それでもたぶん、(媒介としての)「社会」を通した統治の方が、それを通さない(ポスト「社会」の)統治よりも、だいぶましなのではないかと思っています。一定のネガティブな意味あいとは、そういうことです。

　本書は、関西学院大学社会学部の授業科目である「社会学原論A」の講義ノートをベースにしています。といってもだいぶ手を加えましたので、原形をとどめているのは第3章のはじめくらいまでですが、個別の題材は授業で取り上げてきたものがほとんどです。ただ、(1980年代以降の)資本主義のグローバル化(資本と労働者の国境を越えた移動)という重要なテーマについては、福祉国家の危機との関連でかなり以前から授業で取り上げてきましたが、さまざまな理由で、残念ながら本書では議論することができませんでした。

　「社会学原論」といいながら、ある時期から、社会学理論については「社会学史」の授業で取り扱うようになり、こちらは現代社会論というか、歴史社会学というか、そういう内容に変化してきました。折りに触れて、とても鋭くそして適切な質問や指摘をしてくれた学生諸氏、議論がたびたび迷走してもがまん強くつきあってくれた学生諸氏にお礼をしなければなりません。

　本書は関西学院大学社会学部研究会助成を受けています。ここに記して感謝します。

　関西学院大学出版会の田中直哉さん、戸坂美果さんには、いつもながら本当にお世話になりました。あらためて感謝します。

　最後に、いつも支えてくれている妻の明代に、ありがとう。そして二人の子どもたちにも。

　　2025年1月

田　中　耕　一

著者略歴

田中 耕一（たなか・こういち）

1955 年生まれ
慶應義塾大学法学部政治学科卒業
早稲田大学大学院文学研究科社会学専攻博士後期課程単位取得退学
博士（社会学）
関西学院大学社会学部教授を経て、同大学名誉教授
専　攻　社会学理論　現代社会論　社会学史
主要業績　『社会学的思考の歴史 ―― 社会学は何をどう見てきたのか』（関西学院大学出版会，2021 年）
　　　　　『〈社会的なもの〉の運命 ―― 実践・言説・規律・統治性』（関西学院大学出版会，2014 年）
　　　　　『社会調査と権力 ―― 〈社会的なもの〉の危機と社会学』（共編著，世界思想社，2007 年）
　　　　　『新版・構築主義の社会学』（分担執筆，世界思想社，2006 年）
　　　　　『現代の社会変動』（分担執筆，慶應通信，1992 年）
　　　　　『ルーマン／来るべき知』（分担執筆，勁草書房，1990 年）など

ポスト「社会」の時代
社会の市場化と個人の企業化のゆくえ

2025 年 3 月 31 日 初版第一刷発行

著　者　田中 耕一

発行者　田村 和彦
発行所　関西学院大学出版会
所在地　〒 662-0891
　　　　兵庫県西宮市上ケ原一番町 1-155
電　話　0798-53-7002

印　刷　協和印刷株式会社

©2025 Koichi Tanaka
Printed in Japan by Kwansei Gakuin University Press
ISBN 978-4-86283-399-0
乱丁・落丁本はお取り替えいたします。
本書の全部または一部を無断で複写・複製することを禁じます。